경험하고 진행하는
좋은 마케터가 되어주세요!

마케터로 살고 있습니다

마케터로 살고 있습니다

초판 발행 · 2020년 7월 20일
초판 2쇄 발행 · 2021년 4월 26일

지은이 · 강혁진
발행인 · 이종원
발행처 · (주)도서출판 길벗
브랜드 · 더퀘스트
출판사 등록일 · 1990년 12월 24일
주소 · 서울시 마포구 월드컵로10길 56(서교동)
대표전화 · 02)332-0931 | **팩스** · 02)323-0586
홈페이지 · www.gilbut.co.kr | **이메일** · gilbut@gilbut.co.kr

기획 및 편집 · 유예진(jasmine@gilbut.co.kr), 김세원, 송은경, 오수영 | **제작** · 이준호, 손일순, 이진혁
마케팅 · 정경원, 최명주, 김진영, 장세진 | **영업관리** · 김명자 | **독자지원** · 송혜란

디자인 · 유어텍스트 | **교정** · 공순례 | **CTP 출력 및 인쇄** · 북토리 | **제본** · 신정문화사

© 강혁진
ISBN 979-11-6521-220-9 (03320)
(길벗 도서번호 090157)

정가 14,800원

마케터로
살고
있습니다

강혁진 지음

롱런하는 마케터의 비밀

더퀘스트

좋은 마케터로 살고 싶어서

아무나 마케터가 될 수 있는 시대라고 합니다. 사실 마케팅팀에서 일하기 위해 필요한 전공이 따로 있는 것도 아니고, 자격증이 필요한 것도 아닙니다. 공대를 나와도 마케터가 될 수 있고, 미대나 음대를 나와도 마케터가 될 수 있지요. 취업시장이 대기업 공채를 중심으로 돌아가던 시절도 지나갔고, 성장 가능성이 높은 스타트업이 많이 생기는 요즘은 경영학과뿐 아니라 다른 특별한 전공을 경험한 마케터들을 일부러 뽑기도 한다고 합니다. 진입장벽이 상대적으로 낮은 업종이라는 이야기도 있고, 아무튼 많은 사람들이 마케터가 되고 또 포기하곤 합니다.

그런 세상에서, 저는 마케터입니다.
그리고 '좋은 마케터'가 되고 싶은 사람입니다.

카드회사에서 꽤 오래 마케터로 일했고 현재는 '월간서른'이라는 브랜드를 만들어 운영하고 있습니다. 때로는 스타트업에서 브랜드 디렉터로 일하며 마케팅과 브랜딩 업무를 하기도 합니다. 다양한 일을 하며 10년 넘게 마케터로 살아왔고 앞으로도 마케터로 살아가려 합니다.

'어떻게 하면 끝까지 마케터로 살 수 있을까?'라는 질문을 어느 순간부터 하게 됐습니다. 이 일을 참 좋아하는데(운 좋게도 제 적성에 맞는 일을 찾았죠) 오래도록 하려면 어떻게 해야 할까라는 물음이 계속 마음속을 맴돌았습니다. 아마도 미래가 잘 보이지 않는다는 몇몇 후배들의 말을 들은 후부터였던 것 같습니다. 나이 어린 신입들이 새롭게 변하는 트렌드를 발 빠르게 캐치해서 그네들에게 딱 맞는 전략을 펼치는 것을 보면서 단순히 나이가 들고 경력이 쌓인다고 해서 성장하는 건 아니라는 생각도 들었습니다.

미래에 어떻게 살고 싶은지를 고민해보니 '좋은 마케터가 되고 싶다'는 아주 평이한 답에 도달했습니다. 더 멋진 표현을 고민했지만 저 말 이상의 것을 고를 수가 없더라고요.

시간이 흐르면 사람들이 관심 갖는 것이 변하고, 트렌드가 변합니다. 아이폰이 세상에 나온 지 고작 10년밖에 지나지 않았는데 이제는 유튜브와 인스타그램(모두 10년 전엔 주목받지 못했던 플랫폼이죠)이 마케팅의 주류가 됐습니다. 앞으로 어떤 변화가 올지 그 누구도 알 수 없습니다. '시장은 늘 변한다'는 사실 말고는 변하지 않는 것이 없는 듯합니다. 세상이 변하면 새롭게 알아야 할 플랫폼이 생기고, 데이터를 다루는 방법도 달라지고 무엇보다 고객의 취향이 달라지고…. 마케터에게는 늘 새로운 도전이 주어지죠. 그 변화의 파도를 잘 타려면 좋은 마케터가 되는 것 말고는 답이 없는 것 같습니다.

이런 험난한 세상을 잘 헤쳐나갈 좋은 마케터란 무엇일까요?

마케터는 고객에게 필요한 가치를 만들어내는 사람입니다. 가치를 만들어내기 위해서는 세상을 조금 다르게 보는 시각이 필요합니다. 다르게 보려면 다른 관점이 필요하고요. 나만의 관점으로 세상을 바라보면 차별화된, 새로운 가치를 만들어낼 수 있습니다.

나만의 관점을 만들려면 어떻게 해야 할까요? 그냥 하는 경험이 아닌, 노력에 기반한 경험이 필요하고, 그 경험들 속에서 다양한 질문을 할 수 있어야 합니다. 제가 생각하는 좋은 마케터란 경험하고, 질문하고, 그런 과정을 통해 만들어진 자신만의 관점을 가진 사람입니다.

마케팅 일을 하는 사람으로서 배운 것, 경험한 것, 생각한 것을 이 책에 담았습니다. 지금 하고 있는 경험과 자꾸 생기는 의문으로 고민하고 있는 후배 마케터들을 위한 나름의 대답이기도 합니다. 그리고 좋아서 시작한 일에서 한 걸음 더 나아가고 싶은 저만의 다짐이기도 합니다.

1장에서는 마케터의 경험에 대해 다룹니다. 마케터에게 경험이 중요한 이유는 무엇일까요? 그리고 마케터가 다양한 경험을 할 수 있는 방법은 무엇일까요? 세상을 경험하고 사람을 만나고 지식을 탐닉하며 경험을 쌓는 방법에 대해 이야기합니다. 2장에서는 질문하는 마케터에 대해 이야기합니다. 마케터에게 질문이 중요한 이유는 무엇일까요? 질문을 잘하기 위해서는 어떤 것들이 필요할까요? 일을 하면서 무엇을 묻는 게 중요한지 생각해봅니다. 3장에서는 경험과 질문으로 만들어진 자기만의 관점이 마케터에게 얼마나 중요한 무기가 되는지를 이야기합니다. 그리고 마지막 4장에서는 저만의 관점으로 키워낸 월간서른에 대해 이야기해보려 합니다.

이 책을 읽는 당신이 조금 더 많이 경험하면 좋겠습니다. 그리고 조금 더 소리 내 질문했으면 좋겠습니다. 우리가 하는 경험과 질문 그리고 각자의 독특한 관점이 우리를 더 좋은 마케터로 만들어 줄 테니까요. 그 길을 걸어갈 때 함께할 수 있는 동행이 있다면 과정이 더 즐거울 겁니다. 친구든, 동료든, 혹은 가족이든요. 저는 경험과 질문을 나눌 수 있는 아내 그린이 있어서 그 과정이 훨씬 즐겁고 수월했습니다. 이 책 또한 그 길에 함께하면 더할 나위 없이 좋겠습니다.

차례

1장 경험만한 자산은 없다

2장   질문하는 마케터

3장   마케터의 관점

4장 브랜드, 나는 이렇게 만들었다

1장.

경험만한 ── ── 자산은 없다

"마케터가 되려면 어떤 공부를 해야 하나요?"

대학에 가서 마케팅 강의를 할 때면 종종 받는 질문입니다. 아마 그들은 저에게 마케터로 '취업'을 하기 위해 필요한 것이 무엇인지 물었겠지요. 그 질문이라면 답은 정해져 있습니다. 좋은 학점과 영어 점수, 인턴 경험 등 취업에 필요한 일명 '스펙'이 기본이 될 겁니다.

만약 질문을 이렇게 바꾼다면 어떨까요?

"좋은 마케터가 되려면 무엇이 필요한가요?"

'직장인'이 아니라 '마케터'를 지향한다는 점이 명확히 드러나는 질문입니다. 이런 질문이라면 마케터로서의 경험과 주변의 많은 마케터를 접하며 쌓아온 저만의 생각을 들려줄 수 있습니다.

마케터가 갖추어야 할 가장 중요한 요소로는 경험을 꼽고 싶습니다. 다양하고 많은 경험을 한 마케터야말로 어떤 시장과 고객을 대상으로 하더라도 그에 맞는 콘텐츠와 상품, 서비스를 만들어낼 수 있으니까요.

이번 장에서는 왜 마케터가 다양한 경험을 쌓아야 하는지, 그리고 어떤 경험이 유용한지를 이야기해보고자 합니다.

익숙한 공간과 시간을 벗어나 늘상 하는 것과는 조금 다른 생각을 하게 됩니다. 주변에 흔해서 쉽게 지나칠 수 있는 콘텐츠도 조금 더 자세히 들여다보면 몰랐던 게 보입니다. 실수를 하더라도 감추기보다는 실수의 원인을 되돌아보고 개선하기 위해 노력하다 보면 더 좋은 내가 될 수 있습니다. 업무에서의 성공과 실패, 일상에서의 새로운 시도가 더해져 다양한 경험으로 쌓여야 진짜 좋은 마케터가 됩니다.

앗, 이거
워크맨 아니었어요?

"마케터가 몰라도 되는 건 없다."

마케터라면 누구나 한 번쯤 들어봤을 법한 이야기입니다. 저 역시 이 말에 동의합니다. 괜한 허풍이라며 웃어 넘기기에는 담긴 의미가 꽤 무겁습니다.

'나는 화장품 마케터니까 IT 분야는 몰라도 돼.'

'나는 스타트업 마케터니까 대기업이 하는 마케팅은 몰라도 돼.'

'나는 마케터니까 개발 분야는 몰라도 돼.'

이런 생각들은 어찌 보면 변명일 수 있습니다.

왜냐하면 마케터는 늘 고객을 상대하기 때문입니다. 고

객은 우리가 생각하는 것보다 훨씬 더 다양한 환경에 노출되어 있습니다. 화장품을 구매하는 고객들은 새로운 스마트폰과 디지털 채널을 통해 화장품 광고를 봅니다. 스타트업의 상품과 서비스를 이용하는 고객 대부분은 원래 대기업의 고객이었습니다. 마케터는 고객들이 어떤 프로세스를 통해 우리의 상품과 서비스를 제공받고 이용하는지 알아야 합니다. 고객이 처한 다양한 상황을 이해하는 것은 마케터에게 요구되는 중요한 덕목이죠.

게다가 세상은 너무 빨리 변합니다. 변화의 속도는 우리가 예상하는 속도를 늘 앞지르죠. 그 와중에 고객은 우리가 원하는 대로만 움직이지 않습니다. 요즘 고객들은 마케터가 의도한 바를 너무나 쉽게 간파합니다. 마케터가 원하는 것이 무엇인지 알지만 쉽사리 따라주지 않습니다. 고객들은 자신이 원하는 가치를 자신만의 방식으로 갖길 원합니다.

이런 과정에서 고객을 사로잡을 완전히 새로운 아이디어라는 건 존재하기 어렵습니다. 마케터가 어떤 아이디어를 내더라도, 의도했건 아니건 간에 그건 세상에 이미 나와 있는 누군가의 아이디어를 조합한 것일 수밖에 없습니다.

제가 카드회사에 들어간 건 2010년이었습니다. 당시 가장 영향력 있는 마케팅 채널 중 하나는 무가지였습니다. 요즘에는 전혀 찾아볼 수 없지만, 1980년대 이전 출생자라면 〈메트로〉니 〈세븐에이엠〉이니 하는 무료 정보지를 기억할 겁니다. 매일 아침 지하철 입구와 길거리에서 나눠줬고, 하나씩 가져가라고 아예 무료 가판대를 쭈루룩 세워놓기도 했죠.

수십만 부의 무가지가 사람들 손에 들려졌습니다. 전날 있었던 가장 중요한 뉴스는 물론 사람들이 흥미로워 할 가십성 기사가 가득했던지라 인기가 많았습니다. 지하철과 버스를 이용하는 사람들 중 열에 아홉은 무가지를 읽고 있었습니다. 몇몇 무가지의 인기가 높아지자 다양한 무가지가 새로 생겨났습니다. 바야흐로 무가지 전성시대라고 할 정도였죠.

하지만 폭발적이던 인기는 그리 오래가지 않았습니다. 지구 반대편에서 세상을 바꿀 제품이 등장했기 때문입니다. 바로 아이폰입니다. 아이폰이 국내에 상륙한 이후, 스마트폰은 빠르게 필수품으로 자리 잡았습니다. 사람들은 점차 지하철에서 무가지 대신 스마트폰을 들여다보게 됐습니다. 친구를 초대하는 방식의 '애니팡' 같은 게임들이 인기를 얻었고, 출퇴근길 직장인들의 손에 들려 있던 무가지는 빠른 속도로 스마트폰으로 대체됐습니다.

몇 해 지나지 않아 기업들이 광고비를 가장 많이 쓰는 채널은 모바일로 바뀌었습니다. TV, 라디오, PC 같은 전통적인 매체에 대한 관심도가 현저히 줄었습니다. 모바일과 스마트폰을 기반으로 한 수많은 스타트업이 이 시기에 생겨났습니다.

최근 몇 년간의 변화는 과거 어느 때보다 빠르고 거칠게 진행되고 있습니다. 트위터와 페이스북이 유행한 지 얼마 되지 않은 것 같은데, 어느새 이제는 유튜브의 시대라고 합니다. 말도 제대로 하지 못하는 어린아이부터 할아버지, 할머니에 이르기까지 아주 많은 사람이 유튜브를 봅니다. 예전에는 구독자 10만 명 달성까지 몇 년이 걸리기도 했는데 지금은 단 몇 시간 만에 수십만의 구독자를 얻기도 합니다. 백종원의 유튜브는 10만 구독자 달성까지 불과 두 시간,

100만 구독자 달성까지는 단 이틀밖에 걸리지 않았습니다. 유튜버 과나는 본인이 직접 만든 영상 단 3개로 구독자 15만 명을, 연예인 노홍철은 편집도 안 된 영상 4개로 구독자 30만 명을 만들었습니다.

JTBC 예능 프로그램 〈한끼줍쇼〉를 보다가 재미있는 상황을 목격했습니다. 〈한끼줍쇼〉는 MC인 강호동과 이경규가 게스트와 함께 일반 시청자의 집을 무작위로 방문해 식사를 하는 콘셉트의 프로그램입니다.

게스트로 전직 아나운서 장성규가 나왔습니다. 두 사람이 20대 중반 시청자의 허락을 받아 그의 집으로 들어갔습니다. 그런데 한참 이야기를 나누던 중 시청자가 "아, 이거 〈한끼줍쇼〉에요?"라고 묻습니다.

알고 보니 그는 이 프로그램이 〈한끼줍쇼〉가 아니라 장성규가 주인공으로 나오는 유튜브 프로그램 〈워크맨〉이라고 생각하고 집으로 초대했던 거였습니다. 유튜브가 기존 미디어의 대안을 넘어 더 영향력 있는 콘텐츠로 자리 잡았다는 사실을 단적으로 보여준 장면이었습니다.

그렇다고 사람들이 유튜브에서 모두 똑같은 콘텐츠를

보는 건 아닙니다. 취향과 관심사에 따라 구독하는 채널이 다르고, 유튜브가 그들에게 추천하는 영상도 제각각입니다. 모두가 유튜브를 보지만 모두가 다른 유튜브를 보는 겁니다.

사람들이 보는 채널과 콘텐츠가 다양해진다는 것은 개개인이 원하는 가치도 달라진다는 것을 의미합니다. 빠르게 바뀌는 환경에 영향을 받는 것이죠. 힘들지만 당연히 마케터도 그 변화의 속도를 따라가야 합니다. 유튜브 다음에는 뭐가 나올까요? 인터넷을 떠도는 각종 밈meme 뒤에는 사람들의 어떤 마음이 있을까요? 그것을 고민하고 따라가다 보면 내 고객들의 마음이 보일 겁니다.

빵은 샀지만,
맛은 모른다

고객은 마케터가 생각지도 못했던 이유로 구매를 결정합니다.

몇 년 전, 한 식품회사에서 스포츠음료를 내놓았습니다. 6배의 농축 산소가 담겨 있어 헬스나 수영 같은 실내 운동은 물론 등산이나 조깅 같은 야외 활동을 하는 성인들에게 효과가 좋은 음료라는 콘셉트로 출시됐습니다. 그런데 뜻밖에도 이 제품이 초등학생 아이들과 학부모 사이에서 엄청난 인기를 얻었습니다.

성인을 위한 음료가 초등학생들에게 인기를 얻은 이유가 무엇일까요? 아이들의 운동량이 늘어났기 때문일까요? 아무리 그렇다고 해도, 인기 있는 브랜드도 아닌데 그토록 많이 팔린다는 사실이 쉽게 이해가 가지 않습니다. 음료 제품도 대개는 브랜드로 선택하니까요.

이유는 따로 있었습니다. 바로 이 음료수통을 아이들이 물총으로 사용한 것입니다. 운동하며 마시기 편한 음료로 출시된 덕에 음료수통 입구가 일반적인 물통보다 좁고 뾰족한 형태로 되어 있습니다. 입을 대고 마시기보다는 빨아 마시기 좋게 디자인되어 있는 거죠. 그래서 물을 담고 음료수통의 몸체를 누르면 마치 물총을 쏘듯 물이 뿜어져 나옵니다.

초등학생들이 일반적으로 가지고 노는 총 모양의 장난감 물총은 수만 원에서 때로는 10만 원이 넘기도 합니다. 어떤 것은 수압이 세서 놀다가 다치기도 쉽습니다

어떤 학교에서는 아예 이 음료수통을 물총 놀이 준비물로 가져오라고 했다고 합니다. 적절한 수압으로 아이들이 안전하게 놀 수 있고, 경제적으로 부담도 없습니다. 음료수한 개 값이면 근사한 물총이 하나 생기는 거니까요. 지금도 유튜브를 검색해보면 이 음료수통으로 물총을 만들어 사용하는 영상을 꽤 많이 확인할 수 있습니다.

또 다른 사례도 있습니다. 그 옛날(?) 아이돌 그룹 핑클이 모델로 활동했던 빵 브랜드, 일명 '핑클빵'이 있었습니다. 핑클은 얼마 전 JTBC 예능 프로그램 〈캠핑클럽〉으로 다시 한번 많은 관심을 받았죠. 이들이 핑클빵의 모델로 활약하던 당시, 전국의 수많은 핑클 팬이 이 빵을 샀습니다. 그런데 정작 빵의 맛을 기억하는 사람들은 많지 않습니다. 왜냐하면 먹은 적이 없기 때문이죠. 빵을 사긴 했지만 먹은적이 없다니 무슨 말일까요?

많은 이들이 핑클빵을 산 이유는 빵을 먹기 위해서가 아니라 그 안에 들어 있는 핑클 멤버들의 스티커를 모으기 위해서였습니다. 빵 1개당 멤버 1명의 스티커가 들어 있었기

고객은 마케터가
생각지도 못했던 이유로
구매를 결정합니다.

에 4명의 스티커를 다 모으기 위해 빵을 여러 개 샀습니다. 사자마자 뜯어서 봉투와 빵은 버리고 스티커 확인부터 하기가 예사였습니다.

핑클빵을 만든 기획자와 스포츠음료를 만든 기획자는 자신들의 제품이 빵과 음료가 아닌 스티커 모으기와 물총놀이를 위해 소비되리라는 걸 예상이나 했을까요?

요즘은 굿즈의 시대라 할 수 있습니다. 사은품이라고도 불리는 굿즈는 다양한 브랜드가 앞다투어 만들어내는 아이템이 되었습니다. 스타벅스의 음료를 일정 수량 이상 마시면 구매할 수 있는 플래너는 스타벅스 팬을 넘어 많은 20~30대에게 필수 구매품이 되었습니다. 스타벅스 커피가 좋아서 마시는 건지, 연말에 출시되는 플래너를 구매하려고 마시는 건지 모를 지경이 되었죠. 2020년 여름을 맞이해 나온 굿즈인 서머레디백(여행용 가방)은 인기가 절정에 달해 이걸 여러 개 사기 위해 300잔의 커피를 주문하고 가방만 가져간 고객도 있어 화제가 되었죠. 할리스 커피 역시 여름 시즌이 되면 굿즈를 제작해 판매합니다. 2020년 여름 시즌

에는 유명한 아웃도어 브랜드 하이브로우^{HIBROW}와 협업해 캠핑용 의자와 손수레 등을 제작해 판매했습니다.

굿즈를 활용한 마케팅은 이뿐만이 아닙니다. CGV 왕십리점은 리모델링 후 재오픈을 기념해 이벤트를 열었습니다. 밀가루를 만드는 곰표와 협업하여 하루 100명에게 20킬로그램짜리 실제 밀가루 부대에 팝콘을 담아 5,000원에 판매한 겁니다. 이 팝콘을 사려고 오픈 1~2시간 전부터 기다리는 사람까지 있었습니다.

굿즈는 때로는 '예쓰(예쁜 쓰레기)'라고도 불립니다. 예쁘기는 하나 딱히 쓸 일이 없기도 해서입니다. 그렇지만 요즘은 예쁘고 귀여운 것 자체가 경쟁력이 되는 시대입니다. 본래의 제품을 개발하고 홍보하는 것과 더불어 시즌마다 어떤 브랜드가 더 예쁜 굿즈를 만드는지가 중요해진 시대가 되었습니다.

마케터는 고객들이 사용할 상품과 서비스를 기획하면서 고객이 구매할 이유를 고민합니다. 하지만 고객들은 우리가 의도한 목적대로 제품을 사용하거나 구매하지 않는 경우도 많습니다. 때로는 의도와 정반대로, 때로는 기대를 넘어서는 이유로 구매를 결정합니다. 그러니 소비자가 우리 제품을 왜 사용하고자 하는지, 고객이 우리 제품을 선택하는 진짜 이유가 무엇인지 그 이면을 들여다볼 필요가 있습니다. 숨겨진 심리를 자세히 들여다보면 전혀 예상치도 못했던 놀라운 비밀을 발견할 수 있을 테니까요.

고민될 땐
슬롯머신을 당기자

제가 운영하는 '월간서른'에서는 한 달에 한 번 자신만의 길을 걷고 있는 연사를 모시고 이야기를 듣습니다. 이름이 기억하기 좋다는 말을 종종 듣곤 하는데 처음부터 이 이름은 아니었습니다. 갑자기 생각나서 만든 거라 '갑자기 생각나서 만든 모임'이라는 이름으로 시작했습니다. 하지만 모임을 몇 번 지속하다 보니 쉽게 기억하고 부를 수 있는 이름이 필요했습니다.

한 달에 한 번, 매월 진행한다는 점에서 '월간'이라는 단어가 떠올랐습니다. 윤종신의 '월간 윤종신'도 있고 하니 '월간'이라는 단어가 꽤 낯익어서였는지도 모르겠습니다. 커뮤니티의 타깃은 30대로 정했습니다. 그런데 '30대'라는 단어는 뭔가 말맛이 살지 않았습니다. 우연히 전에 읽은 책 한 권이 떠올랐습니다. 작가의 30대 연애 이야기를 담은 《서른의 연애》였습니다. 이 책의 제목에서 힌트를 얻어 30대를 '서른'이라는 단어로 살짝 바꿨습니다. 그렇게 만든 이름이 '월간서른'입니다. 지어놓고 보니 듣기에 친숙할 뿐만 아니라 발음 하기도 쉬운 이름이 됐습니다.

그런데 재미있게도, 이 일련의 과정은 지하철에서 내려 집으로 걸어가는 고작 10분 사이에 진행됐습니다. 제가 알고 있던 '월간 윤종신'과 '서른의 연애'라는 문구가 슬롯머신의 그림들처럼 머릿속에 착착 배치됐습니다. 신기한 연상 작용이었죠.

새로운 아이디어가 떠오르는 과정은 카지노의 잭팟이 터질 때와 비슷한 점이 있습니다. 카지노 슬롯머신을 보면 화면에 여러 개의 칸(슬롯)이 있고, 각 칸에는 각기 다른 모양의 그림이 있습니다. 슬롯머신 옆에 있는 레버를 위에서 아래로 한 번 당기면 칸 안의 그림들이 돌아가다가 한 칸씩

순서대로 멈춰 섭니다. 그리고 그때 나오는 그림들의 조합에 따라 상금이 주어집니다. 비슷한 모양이 많이 나올수록 높은 상금을 받습니다. 같은 모양의 그림들로 칸이 다 채워지는 걸 '잭팟'이라고 부르고 가장 많은 상금을 받습니다.

우리 머릿속에는 아이디어 슬롯머신이 존재합니다. 새로운 아이디어를 내기 위해 가상의 손잡이를 당기면 빈칸의 그림들이 돌아가지요.

그런데 아이디어 슬롯머신의 잭팟은 현실의 슬롯머신과는 조금 다릅니다. 칸마다 같은 그림이 나오는 것이 아니라 뭔가 다른 그림이 나와야 한다는 거죠. 각기 다른 그림이 자연스럽게 맞춰졌을 때, 그때가 바로 잭팟이 터지는 순간입니다. 칸마다 다른 그림으로 채워진다는 것은, 다양한 경험이 조합된다는 걸 의미합니다. 다양한 아이디어가 자연스럽게 합쳐졌을 때 비로소 새로운 아이디어라는 잭팟이 터지는 거죠.

아이디어 슬롯머신은 여러 명이 함께 일할 때도 동일하게 작동합니다. 좋은 아이디어를 내기 위해서는 각기 다른 사람들이 하나의 아이디어를 내는 것이 아니라 각자가 낸 여러 개의 아이디어가 하나의 큰 그림으로 합쳐져야 하죠.

즐겨 보는 TV 프로그램 중 하나가 SBS 예능 〈백종원의 골목식당〉입니다. 일상에서 자주 접하는 다양한 음식이 나오는데 백종원 대표가 요식업 사장님에게 제공하는 조언을 통해 그의 인사이트를 엿볼 수 있습니다.

한번은 이 프로그램에 자신들이 단골로 다니던 피자집을 인수한 형제가 출연했습니다. 사장님이자 피자를 만드는 형은 전 사장님에게서 전수받은 레시피를 충실히 따라해 나름의 맛을 유지하고 있었습니다. 하지만 색다른 레시피를 개발해내지는 못하고 있었죠. 여기에 백종원 대표의 아이디어가 더해졌습니다. 백종원 대표는 피자의 크러스트 부분을 피자 가운데 반숙된 달걀에 찍어 먹는 아이디어를 냈습니다. 기존과는 다른, 색다른 형태의 피자였죠. 이 새 메뉴는 피자집의 기존 메뉴와도 잘 어우러져 큰 인기를 끌었습니다.

그런데 백종원 대표는 어떻게 그처럼 쉽게 새로운 아이

디어를 생각해낼 수 있었을까요? 사실 백종원 대표가 제안한 아이디어는 터키의 '피데'라는 음식에서 가져온 것이었습니다. 마침 프로그램 녹화 얼마 전 터키로 해외촬영을 갔다가 맛보고 온 피데를 기억하고 있었던 거죠. 백종원 대표 머릿속의 피데와 형제 사장님 머릿속의 피자가 만나 새로운 아이템이 탄생한 겁니다. 바로 잭팟이 터지는 순간이었죠.

다양한 상황과 새롭게 변화하는 환경에 있는 고객들을 만족시킬 수 있는 아이디어 잭팟을 터트리려면, 마케터는 무엇을 해야 할까요? 마케터는 결국 고객을, 사람을 이해하는 직업입니다. 그러므로 고객이, 그리고 마케터 스스로가 살고 있는 '세상'을 이해하는 것이 잭팟의 재료를 모으는 데 가장 중요합니다.

세상을 이해하는 가장 좋은 방법은 무엇일까요? 바로 경험입니다. 노을이 무엇이냐고 묻는 아이에게 할 수 있는 가장 좋은 대답은 사전을 찾는 것도 인터넷을 뒤지는 것도 아닌, 아이의 손을 잡고 해 질 무렵 언덕에 올라 노을을 직접 보게 하는 것이라고 합니다. 마케터도 마찬가지입니다. 세상이 어떻게 변화하는지, 고객이 무엇을 원하는지는 책상 앞에서 알 수 있는 것이 아닙니다. 직접 세상을 경험해야 합니다.

"하늘 아래 새로운 것은 없다."

많은 기획자와 마케터가 하는 이야기입니다. 실제로 그렇습니다. 정말 새로운 아이디어, 어디에도 없던 아이디어 같은 건 존재하지 않습니다. 어느 날 문득 '와! 이건 정말 대단한데?'라고 스스로도 놀랄 만큼 좋은 아이디어가 떠오를 때가 있습니다. 하지만 인터넷에 검색해보면 누군가가 이미 그 아이디어를 현실로 옮겨놓은 경우가 대부분입니다.

도대체 그 사람들은 어떻게 이런 아이디어를 생각해냈을까요? 아마도 무언가를 경험했기 때문일 겁니다. 뻔한 이야기지만 결국 경험만이 새로운 생각을 만들어냅니다.

정말 새로운 아이디어,
어디에도 없던
아이디어 같은 건
존재하지 않습니다.

핑프족을
아시나요?

'핑프족'이라는 신조어가 있습니다. 여기서 핑프는 '핑거 프린세스'의 줄임말이죠. 모르는 게 생기면 자료를 검색해 알아보는 등의 노력을 기울이기보다 게시판에 '이게 무슨 뜻이죠?'라고 무작정 질문부터 하는, 손가락(핑거)으로 궁금한 것만 딱 떼어서 물어보는(마치 공주처럼) 사람들을 가리킵니다.

여기에 대응하는 단어로 영미권에는 'RTFM'이라는 표현이 있습니다. 'Read The Fxxxxxx Manual(빌어먹을 안내서를 읽으시오)'의 약자입니다. 기본적인 매뉴얼이나 안내문을 살펴보기만 해도 알 수 있는 사항인데 온라인 게시판 등에 질문하는 사람들에게 종종 이런 답변을 준다고 합니다.

한마디로, 타인에게 도움을 요청하기 전에 기본적인 노력은 스스로 하라는 의미죠.

'램프 증후군'이라는 용어도 있습니다. 걱정거리를 수시로 떠올리고 고민하는 현상을 말하는데요. 램프의 요정 지니를 불러내 주저리주저리 고민을 털어놓는 사람을 떠올리면 됩니다. '이 선택을 했다가 잘못되면 어떡하지?', '이 선택을 하지 않았다가 후회하면 어쩌지?' 같은 고민을 하루에도 몇 번씩 하는 거죠. 그런데 이 중에는 하지 않아도 되는 고민이 무척 많습니다. 정확히는 할 필요가 없는 고민인 거죠.

핑프족과 램프 증후군을 겪는 사람들의 공통점이 있습니다. 바로 실천하지 않는다는 겁니다. 몸으로 직접 부딪쳐 경험하기를 싫어하거나 두려워합니다. 물론 자신의 선택에 책임이 따른다는 현실을 정확히 알고 있기에 생기는 일일 수도 있습니다. 하지만 걱정과 추정만으로는 어떤 결과가 나올지 알 수 없습니다. 실제로 해보지 않으면 알 수 없는 것들이 세상에는 정말 많으니까요. 특히 마케터는 다양한 일을 직접 몸으로 부딪쳐 경험할 필요가 있습니다.

요즘 마케팅에서 빼놓을 수 없는 기술 중 하나가 AI, 즉

인공지능입니다. AI를 탑재한 앱 서비스를 만들거나 로봇을 활용해 마케팅과 사업을 하는 경우가 무척 흔해졌습니다. 스스로 판단하고 의견을 제시하는 AI는 빅데이터를 기반으로 합니다. 사실 AI가 최적의 방안을 제시할 수 있는 건 빅데이터라는 방대한 양의 데이터가 있기 때문이죠. 다양한 경우의 수를 놓고 기회비용을 최소화할 방안을 찾아내는 것도 빅데이터라는 기반이 있기 때문입니다. 빅데이터가 없다면 AI도 존재할 수 없습니다.

마케터도 AI와 다르지 않다고 생각합니다. 우리 회사에 맞는 마케팅 의사결정을 하려면 마케터 자신만의 빅데이터가 필요합니다. 다양한 정보와 지식으로 구성된 내 머릿속 빅데이터가 있어야 좋은 의사결정을 할 수 있기 때문입니다. 이때 정보와 지식에는 '경험'이라는 직접적인 요소가 꼭 필요합니다. 경험이 없는, 정보와 지식으로만 구성된 데이터로는 현실성이 부족하거나 허황된 판단을 할 수 있으니까요.

2년 차 시절, 저보다 경력이 7~8년 더 많은 선배와 일한 적이 있습니다. 선배와 함께 신사업 마케팅 기획을 했는데 파워포인트 수십 장에 아이디어를 담아 기획서를 만들었습니다. 드디어 팀장님께 보고를 드리기로 한 날이 됐습니다.

그런데 보고를 한 시간 정도 앞두고, 갑자기 임원의 호출이 떨어져 기획서를 함께 작성한 선배가 불려갔습니다. 어쩔 수 없이 저 혼자 팀장님께 보고를 해야 했죠. 팀장님은 기획서에 담긴 아이디어 하나하나에 대해 부정적 의견을 제시했습니다. 그뿐만이 아니라 이게 실제로 구현 가능한 아이디어인지, 마케팅에 따른 효과가 얼마나 현실적인 숫자인지 등 기획서 내용 전반에 걸쳐 의구심을 표시했습니다.

얼마 후, 선배와 함께 다시 보고하는 자리를 만들었습니다. 그런데 너무 황당하게도 팀장님이 이번에는 그 선배가 이야기하는 모든 내용에 대해 수긍하고 이해하는 듯한 반응을 보였습니다. 그날 선배가 들고 간 게 제가 설명한 기획서에서 토씨 하나 바꾸지 않은 것이었는데도 말입니다. 더욱 놀라운 건, 선배 역시 제가 했던 이야기와 거의 같은 이야기를 했다는 것이었습니다.

처음에는 너무 화가 났습니다. '아니, 내가 이야기할 때는 귓등으로도 안 듣더니, 똑같은 이야기를 선배가 하니까 바로 수긍한다고? 너무 불합리한데?"

그런데 그 선배에게는 저에게 없던 것이 있었습니다. 바로 경험이었죠. 이미 수차례의 마케팅 캠페인을 진행한 경험이 있었습니다.

경험은 실행 가능성을 높이는 열쇠가 될 수 있습니다. 경험을 한 사람은 일을 하는 과정에서 무엇이 실제로 가능하고 불가능한지, 어떤 업무가 필요하고 불필요한지 알 수 있기 때문입니다.

모든 것을 경험해볼 수는 없습니다. 하지만 경험을 통해 쌓은 지식과 노하우는 든든한 자양분이 되어 또 다른 일을 할 때 발판이 된다는 사실만큼은 명확합니다.

센스를 키우는
유일한 방법

당신은 마케터로서 얼마나 센스가 있나요? 흔히들 센스는 타고난다고 합니다. 배울 수 있는 것이 아니라고도 하죠. 그런데 정말 그럴까요?

크리에이티브 디렉터인 미즈노 마나부는 《팔다에서 팔리다로》에서 센스를 이렇게 정의했습니다.

"센스란 집적된 지식을 기반으로 최적화하는 능력이다."

다양한 경로로 얻게 된 지식을 통해 최적의 선택을 해낸다는 의미입니다.

지식을 얻는 방법은 다양합니다. 그중에서도 직접 몸으로 부딪쳐 얻어내는 지식이야말로 우리 머릿속에 가장 깊게 새겨집니다. 우리는 늘 성공의 경험만 하는 게 아닙니다. 오히려 성공보다는 실수와 실패의 경험을 더 많이 합니다. 때로 실수에서 더 많은 것을 얻기도 하죠.

3년 차쯤 됐을 때 고객 대상 이벤트를 진행한 적이 있습니다. 당첨자 발표를 진행했고 당첨된 사람들의 리스트를 만들어 모바일 상품권을 보내줘야 했습니다. 그런데 이날 감기몸살 때문에 정상 컨디션이 아니었습니다. 온몸에 오한이 오고 머리가 핑핑 돌았습니다. '이런 정신에 일을 해도 되나?' 하는 생각이 들 정도였습니다. 하지만 당첨자들에게 사전에 고지했으니 일정에 맞춰 모바일 상품권을 보내야 했죠.

약 기운으로 비몽사몽하는 가운데 당첨자 리스트를 만들어 모바일 상품권을 발송했습니다. 그런데 그만 실수가 있었습니다. 엑셀로 당첨자 리스트를 만드는 과정에서 수식을 잘못 적용하는 바람에 일부 당첨자에게 경품을 중복으로 발송한 겁니다. 경품 금액이 크지 않았고 중복 발송된 사람의 수도 많지 않아 100만 원 정도를 더 지출하는 정도에서 끝이 났습니다.

작다면 작고 크다면 큰 금액이지만, 회사에서 마케팅 일을 하면서 처음으로 저지른 실수여서 아직도 기억에 생생하게 남아 있습니다.

때로는 직접 경험하지 않으면 알 수 없는 것들이 있습니다. 특히 실수나 실패의 경험은 성공 경험보다 더 소중합니다. 성공 경험은 많이 알려져 있지만 실수나 실패의 경험은 그렇지 않죠. 대부분이 알리기보다는 감추려 하기 때문입니다. 사람이 됐건 기업이 됐건, 자신의 실수나 실패는 부끄럽고 부정적인 경험이라고 생각해 잘 꺼내놓지 않습니다. 만약 누군가가 실수와 실패의 경험을 들려준다면 더 깊이 귀 기울일 필요가 있습니다. 간접적이긴 하지만 다른 사람의 경험에서 많은 것을 배울 수 있기 때문입니다. 적어도 자신이 그 비슷한 상황에 처했을 때를 떠올려볼 수 있으니까요.

야구에서는 타율이 3할대만 돼도 훌륭한 타자로 인정받습니다. 열 번의 기회 중 세 번만 안타를 쳐도 대단하다는 겁니다. 반대로 이야기한다면 열 번 중에 일곱 번이나 실수하거나 실패해도 좋은 타자로 인정받을 수 있다는 거죠.

마케팅도 크게 다르지 않습니다. 내가 기획한 마케팅 또는 내가 만든 상품이나 서비스가 10개 중에 3개, 아니 1개만 성공해도 매우 이례적이고 훌륭한 결과라고 할 수 있죠. 즉, 마케터의 목표는 수많은 실패의 과정을 통해 실수를 줄여나가는 것입니다.

나아가 실수와 실패의 경험은 빨리 할수록 좋다고 생각합니다. 연차가 높아질수록 마케터 개인의 실수와 실패에 따른 파급력이 높아지기 때문입니다. 간혹 일을 시작한 지 얼마 되지 않은 마케터들이 실수하지 않으려고 전전긍긍하는 모습을 봅니다. 일단, 노력하는 것은 좋습니다. 그런데 자신이 한 실수를 감추려 하거나, 실수가 두려워 아예 시도 자체를 하지 않거나, 소극적인 수준으로만 새로운 시도를 하는 이들도 있습니다. 심한 경우에는 거짓말로 자신의 실수를 둘러대기도 합니다.

하지만 실수에 대해 너무 걱정할 필요는 없습니다. 연차가 낮을 때 생기는 실수 대부분은 선배와 동료 그리고 몸담고 있는 회사가 충분히 감당할 수 있는 수준이기 때문입니다. 높은 연차의 마케터가 많은 책임과 권한을 잘못 사용해 실수했을 때의 문제가 훨씬 더 크죠.

실수와 실패에서 교훈을 얻으려면 복기의 과정이 필수입니다. 내가 어떤 과정을 실수했고, 어떤 요소를 미처 고려하지 못했는지 또는 어떤 환경적인 요소가 작용했는지 면밀히 검토해야 합니다.

저 역시 모바일 상품권 발송 실수를 한 이후 왜 실수를 했을까 복기해봤습니다. 그때 얻은 교훈은 세 가지였습니다.

첫째, 컨디션이 좋지 않을 때는 중요한 일을 하지 않는다.

특히 고객과 직접적으로 관련됐거나 돈이 걸린 일이라면 아무리 급해도 컨디션이 좋을 때 처리하려고 합니다. 제대로 된 컨디션이 아니라면 제대로 된 의사결정을 하거나 올바른 일 처리를 하기 어렵기 때문이죠. 특히 고객정보나 비용과 같은 큰 리스크를 동반하는 일을 할 때는 더더욱 집중해서 일을 처리합니다.

둘째, 숫자와 관련된 일이라면 꼭 두 번 이상 검토한다.

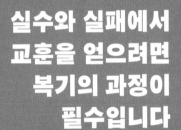

실수와 실패에서
교훈을 얻으려면
복기의 과정이
필수입니다

실수로 잘못된 고객 리스트를 만들 수 있습니다. 하지만 한 번 더 체크했다면 오류를 발견했겠지요. 그런데 컨디션이 좋지 않으니 다시 체크할 생각은 하지도 않았던 겁니다. 그 이후로는 중요한 리스트나 문서는 꼭 한 번 더 체크합니다(여전히 두 번째 체크에서 꼭 오타나 실수를 발견합니다).

셋째, 내 직감을 믿는다.

사실 고객 리스트를 만들면서 '아, 이러다 실수하겠는데…' 하는 직감이 들었습니다. 그런데 그걸 무시한 거죠. 제 마음속 소리였으니 현실과는 다를 거라는 생각을 했습니다. 그런데 직감이 이야기한 바로 그 지점에서 사고가 났습니다. 직감이란, 평소와 다른 패턴 또는 맞지 않는 행동을 할 때 내 몸이 신호를 주는 것이라고 생각합니다. 특히 리스크가 생길 수 있는 상황이나 시기에 불안한 마음이 든다면 자신의 직감을 믿어보는 것도 좋습니다. 의외로 몸이 머리보다 나은 판단을 내릴 때가 있습니다.

권투 선수나 격투기 선수가 절대로 지지 않는 방법은 링에 올라가지 않는 거라고 합니다. 싸우지 않으면 지지도 않지요. 하지만 링에 올라가지 않으면 절대 이길 수 없습니다. 대결에서 진 선수 역시 그가 한 노력만으로도 충분히 박수받을 자격이 있습니다. 하지만 링에 올라서지 않는 선수는 절대 박수를 받을 수 없습니다. 수없이 쓰러지고 패배하더라도, 링에 올라야 이길 기회도 얻어낼 수 있습니다. 이것이 실수와 실패에 대한 두려움을 이겨내고 최대한 링에 올라가야 하는 이유입니다.

나영석 PD가 여행 예능만
만드는 이유

한 번의 경험으로 인생에 필요한 교훈과 인사이트를 모두 얻을 수 있다면 얼마나 좋을까요? 하지만 그럴 수 있는 사람은 극히 드뭅니다. 우리는 대부분 평범한 사람들이기 때문입니다.

평범한 사람이 무언가를 잘하기 위해서는 반복의 힘이 필요합니다. 처음 무언가를 할 때보다는 두 번째가 마음도 편하고 익숙해지기 마련입니다. 그리고 두 번째보다는 세 번째에 훨씬 더 익숙하고 능숙하게 처리할 수 있습니다. 저는 질Quality은 양Quantity에서 나온다고 굳게 믿습니다. 무언가 잘하고 싶은 게 있다면 많이 반복하는 방법밖에 없다는 거죠.

회사에서는 일을 할 때 상사에게 보고하는 과정을 필수적으로 거칩니다. 중요한 일일수록 보고 과정을 문서화해야 합니다. 처음 보고서를 쓸 때는 어떤 내용을 써야 할지 감이 오지 않았습니다. 중요한 내용을 빠트리거나, 너무 장황하게 쓴 탓에 선배들에게 주의를 듣기도 했습니다.

보고서를 잘 쓰기 위해 기존에 작성된 잘된 보고서를 참고하기 시작했습니다. 그리고 내가 작성한 것에 어떤 문제가 있는지 다시 살펴봤습니다. 많을 때는 일주일에 2~3개씩 보고서를 썼습니다.

시간이 흘러 입사 4~5년 차쯤 됐을 때는 진행하려는 업무의 추진 배경, 개요, 목표, 예산, 일정 등 보고에 필요한 필수 요소들이 무엇인지 자연스레 머릿속에 정리가 됐습니다. 그때부터는 다른 사람의 문서를 참고할 필요 없이 작성할 수 있게 됐습니다.

그런데 단순히 많이, 자주 반복하기만 해서는 잘할 수 없습니다. 반복에 더해야 하는 게 하나 있습니다. 바로, 새로운 아이디어입니다. 자기 일을 반복하되 새로운 아이디어를 더해 더 나은 방향으로 나아가야 합니다. 마치 가파른

산에서 눈덩이를 굴리는 것처럼 말이죠. 산꼭대기에서 축구공만 했던 눈덩이는 100미터만 굴러도 집채만 해집니다.

'스타 PD'로 일컬어지는 나영석 PD가 KBS에서 CJ로 이직하면서 이런 고민을 했다고 합니다. 지금까지 늘 여행을 소재로 프로그램을 만들어왔고, 그거 말고 다른 건 잘할 자신이 없었다는 겁니다. 결국 자기가 자신 있는 여행 프로그램을 만들기로 했습니다.

그런데 이전과 조금 다른 아이디어를 더했습니다. '국내가 아니라 해외로 여행을 가보자', '젊은 출연진이 아니라 나이 많은 출연진으로 해보자'와 같은 것들이었죠. 그렇게 탄생한 프로그램이 〈꽃보다 할배〉였습니다. 이후에도 〈신서유기〉, 〈삼시세끼〉, 〈스페인 하숙〉 등 '여행'이라는 메인 소재를 중심에 두고 다양한 아이디어를 더해 히트 프로그램을 만들어냈습니다.

늘 새로운 일만 할 것 같은 마케터 역시 반복된 일을 할 때가 많습니다. 그래서 매너리즘에 빠지기도 합니다. 매너리즘에 빠지지 않으려면 같은 일을 하더라도 다른 방식으로 시도하는 것이 중요합니다. 기존에 해오던 방식대로 다른 일을 해야 한다는 얘기입니다.

제가 운영하는 월간서른은 매월 진행되는 강연 형태의 모임입니다. 강의 형식이다 보니 매번 같은 식으로 진행하는 건 참가자들이나 운영하는 저 자신에게 재미가 없게 느껴질 수 있습니다. 그래서 매번 반복되는 형태라 해도 다른 방식을 시도하고자 했습니다.

다른 방식을 시도할 때 가장 먼저 해야 하는 일은 지금 진행하는 방식의 단계를 나누는 것입니다. 단계를 나누는 건 변화를 적용할 대상을 정하는 일과 같습니다. 어떤 단계와 과정이 있는지를 알아야 변화를 줄 수 있습니다.

월간서른은 사람들을 맞이하는 접수 시간, 강의 전 월간 서른을 소개하는 시간, 강의, 질의응답, 마무리 시간 등 크게 다섯 개의 단계로 나뉩니다. 그러므로 접수를 다르게 하거나, 월간서른 소개를 다르게 하거나, 강의를 다르게 하거나, 질의응답을 다르게 하거나, 마무리를 다르게 하는 방법이 있습니다.

같은 일을 하더라도
다른 방식으로
시도해보는 것이 중요합니다.

저는 단계마다 변화를 주기도 했습니다. 사람들을 맞이할 때 명함을 나누는 시간을 갖기도 하고, 강의 전 월간서른을 소개할 때 월간서른 로고송을 함께 부르며 아이스 브레이킹을 하기도 했습니다. 연사를 섭외해 이야기를 듣는 대신 워크숍 형태로 조를 나눠 진행하는 방식으로 강의 시간에 변화를 주기도 했습니다. 질의응답은 오픈채팅방을 통해 질문을 받아 진행하는 방식 대신 직접 현장에서 질문을 받거나 참여한 사람들이 모두 함께하는 토론 형태로 진행하기도 했습니다. 마지막 마무리 시간에는 책, 상품권 등을 전달하거나 복권을 선물로 나눠주는 시간을 갖기도 했습니다.

이런 다양한 시도를 하는 것의 좋은 점은 사람들에게 좋은 반응을 얻는 시도가 무엇인지 파악하고, 이를 통해 더 나은 대안을 선택하고 적용할 수 있다는 것입니다. 내가 하는 일의 단계를 나누고, 단계별로 다양한 변화를 시도하다 보면 처음과는 완전히 다른 결과를 얻기도 합니다. 지금 하는 일에서 살짝씩 변화를 주는 것, 그게 첫 걸음입니다.

여자친구의 표정이
좋지 않았던 까닭

영화 〈원스〉는 음악을 만드는 두 주인공의 이야기입니다. 두 사람은 가까스로 마련한 돈으로 허름한 녹음실을 빌려 자신들이 만든 음악을 연주하고 녹음합니다. 그렇게 우여곡절 끝에 CD가 만들어집니다.

그런데 그게 끝이 아니었습니다. 주인공 일행은 자신들이 녹음한 음악이 담긴 CD를 들고 '카 테스트'를 하기 위해 차로 향합니다. 뮤지션들은 녹음실에 있는 고가, 고성능의 스피커를 이용해 완성한 자신들의 음악을 듣고 만들지만 사실 대중은 차에 설치된 CD 플레이어를 통해 듣습니다. 그러니 차에서 들었을 때 좋은 사운드가 구현돼야 비로소 녹음이 잘됐다고 판단할 수 있는 거죠. 차에서 CD를 켜고 들었을 때 자신들의 음악이 만족스러운 수준이 되자 그 제야 그들은 환하게 웃습니다.

감수성感受性은 '외부의 자극을 받아들이고 느끼는 성질'을 의미합니다. 내가 느끼는 감정과 내가 알고 있는 지식이 아닌, 타인이 느끼는 감정과 타인이 가진 지식에 대한 '공감 능력' 정도로 해석할 수 있겠죠. 감수성이 뛰어나다는 것은 곧 공감 능력이 뛰어난 것이라고 할 수 있습니다.

마케터에게 가장 필요한 것 중 하나가 바로 뛰어난 감수성입니다. 여기에는 이유가 있습니다. 마케팅의 시작이 바로 내가 아닌 '고객'이기 때문입니다. 마케팅은 '마케터인 내가 하고 싶은 것'을 하는 것이 아니라 고객, 즉 '타인이 원하는 가치를 그들이 원하는 방식으로 제공하는 것'입니다.

고객은 나와는 다릅니다. 나에게 예쁘고 좋아 보이는 것들이라도 고객에게는 취향에 맞지 않고 불편할 수 있습니다. 그런 의미에서 감수성이 풍부한 마케터는 사소한 부분에서도 고객의 경험을 체험해봅니다. 고객에게 이벤트용 SMS 문자를 보내거나 이메일을 보낼 때 늘 자신의 스마트폰이나 자신의 이메일로 먼저 보내보는 마케터가 있습니다. 이렇게 하면 고객들이 가진 각기 다른 스마트폰에서 문자와 이메일이 어떻게 보일지, 폰트의 크기는 적당한지, 문장과 문장 사이가 끊기거나 어색하게 보이지는 않는지 확인할 수 있습니다.

광고 영상을 만들 때도 마찬가지입니다. 마케터들은 자신이 만든 광고 영상을 주로 데스크톱과 연결된 커다란 모니터로 검수하고 검토합니다. 요즘은 회사에서 20인치가 넘는 커다란 모니터를 쓰는 경우가 많죠.

하지만 대부분의 고객이 불과 4~5인치의 스마트폰을 통해 광고 영상을 봅니다. 스마트폰을 가로로 돌려 전체 화면으로 보는 경우도 많지 않고, 세로로 세워 사용하다가 자신의 타임라인에서 우연히 발견한 영상들을 보곤 하죠.

만약 마케터가 자신이 사용하는 큰 화면을 기준으로 광고 영상을 만든다면, 모바일 기기로 영상을 보는 사람들에게 잘 보이는 자막 사이즈를 알 수 있을까요?

고객의 입장에서 생각한다는 건, 연애를 할 때 상대방의 입장에서 생각해야 한다는 것과 비슷합니다. 여자친구의 생일을 맞이해 남자친구가 맛있는 음식을 직접 요리해주었습니다. 그런데 막상 요리를 마주한 여자친구의 표정이 좋지 않습니다. 사실 여자친구는 생일선물로 근사한 레스토랑에서 식사하길 원했는데, 남자친구는 속도 모르고 직접 요리를 하겠다고 나선 거죠.

각자가 원하는 지점이 달랐던 겁니다. 여자친구의 생일이니 여자친구가 원하는 메뉴와 식당을 물어보거나 평소 여자친구의 취향을 파악해 그녀의 관점에서 움직이는 것이 만족도를 최대치로 올리는 방법이었던 거죠.

마케터는 고객이 원하는 바를 고민하고, 그에 맞춰 움직여야 하는 사람입니다. '상대를 먼저 생각하라'는 말은 연애뿐 아니라 마케팅을 할 때도 꼭 잊지 말아야 하는 문구입니다.

극장에 10분 일찍
들어가면 보이는 것들

마케터는 어떻게 감수성을 키울 수 있을까요?

우선, 많은 시간을 소비자로 살아갈 필요가 있습니다. 의도적으로 다양한 광고와 정보에 노출되어야 한다는 뜻입니다. 고객이 경험하는 마케팅을 마케터도 직접 체험하는 것이지요.

영화를 보러 극장에 갈 때면 10분 정도 일찍 들어가 어떤 광고들이 극장의 큰 스크린을 통해 나오는지 살펴봅니다. 그리고 광고를 보는 관객들의 반응도 봅니다. 탄성을 내지르는지, 집중하는지 혹은 아무 반응이 없는지 말이죠.

한번은 극장에 조금 일찍 들어가 광고를 보다가 인상적

인 경험을 했습니다. 스크린에 나온 배우 원빈이 광고 말미에 "여러분, 영화 재미있게 보세요"라는 멘트를 했습니다. 그러자 객석의 한 여성 관객이 "네!"라고 크고 다정한 목소리로 대답한 겁니다.

'아니, 실제 원빈이 아니라 스크린 속 원빈의 멘트에 대답을 하는 사람이 있네?'

배우의 존재감이 스크린 너머 고객에게 전달될 수 있다는 사실이 저로선 꽤 큰 충격이었습니다. 그 순간만큼은 그 관객에게 원빈의 멘트는 광고가 아니라 다정한 연인의 메시지로 느껴졌는지도 모르겠습니다.

집에서 TV를 볼 때도 좋아하는 프로그램이 끝났다고 바로 채널을 돌리는 게 아니라, 이 시간대에는 어떤 프로그램이 나오고 어떤 광고가 나오는지 지켜볼 필요가 있습니다. 저는 일의 특성상 매일 출퇴근을 하는 게 아니다 보니 오전 시간에 TV를 볼 때가 종종 있습니다.

아침 정보 프로그램을 볼 때의 일입니다. 바쁜 현대인들을 위해 모든 재료가 다듬어져 있어 조리만 하면 되는 밀키트meal kit에 대한 이야기가 나왔습니다. 그런데 단순히 트렌드를 소개한다고 하기에는 꽤 긴 분량으로 소개를 하더군요. 제품을 만든 회사의 연구원 인터뷰까지 나오는 걸 보니 뭔가 '촉'이 왔습니다.

바로 포털 사이트에서 '밀키트'를 검색해봤습니다. 그러자 검색 결과에 TV에 소개된 제품과 관련된 광고, 블로

TV방송과 당시 포털에 검색된
밀키트 내용

그 등이 우르르 쏟아져 나왔습니다. 정보 프로그램에서 밀키트를 다룬 건 우연이 아니라 다 의도된 일이었던 거죠. 주부들이 많이 보는 아침 시간대라는 점을 고려해 밀키트의 타깃을 정확하게 노린 방송이었습니다. 방송에는 제품의 브랜드명을 직접적으로 노출할 수 없으니, 포털 사이트에 '밀키트'라는 단어를 검색했을 때 자신들의 콘텐츠가 최대한 많이 노출될 수 있도록 사전에 광고, 블로그, 카페 게시글 등을 만들어둔 겁니다. 이날 오전에는 '밀키트'가 포털 사이트의 실시간 검색어 순위에 꽤 오래 머물렀습니다.

우리가 매일 오가는 길도 감수성을 키우는 데 큰 도움이 됩니다. 길거리, 특히 서울 시내는 전체가 거대한 광고판과도 같아서 마케터에게 아주 훌륭한 교재가 됩니다. 특히 강남과 종로처럼 유동인구가 많은 지역은 기업들이 탐내는 곳입니다. 다양한 형태의 광고가 강남과 종로 일대에서 진행되는 것도 그런 이유죠.

저는 종종 일부러 강남역, 선릉역, 삼성역 일대를 걸어 다녀봅니다. 도로 중앙의 버스 승강장에 서서 사람들의 시선이 가장 많이 향하는 대형 건물의 외부 전광판을 살핍니다. 특히 강남역 일대와 삼성역 일대에는 외부 전광판들이 눈에 띄게 증가하고 있는데 그 전광판에 어떤 브랜드가 어떤 유형의 광고를 하는지 살펴보는 거죠.

길가를 살피면 어떤 가게가 새로 생겼고 어떤 가게가 오래가는지 볼 수 있습니다. 어떤 가게의 문구가 사람들의 눈길을 사로잡는지, 어떤 가게가 새로운 메뉴로 사람들의 기호를 만족시키는지 살펴봅니다.

대형 서점에도 자주 갑니다. 베스트셀러 순위를 살펴보고 사람들이 어떤 책을 많이 읽는지 살펴봅니다. 인기 있는 책을 만져보고 표지를 살펴봅니다. 베스트셀러 목록에 올라 있는 책들만 봐도 사람들의 요즘 관심사를 어느 정도는 확인할 수 있습니다.

지식 콘텐츠와 오프라인 강연을 결합해 콘텐츠 사업을 하고 있는 '폴인'은 대기업 직원들을 대상으로 교육을 진행하기도 합니다. 교육에 참가한 직원들은 강의장에서 일방적인 강의를 듣는 것이 아닙니다. 타 기업을 방문해 강연을 듣고 서울 시내의 공유 오피스와 유명 복합 문화공간들을 방문하는 등 서울 이곳저곳을 다니며 트렌드를 경험합니다. 이동할 때는 공유 킥보드를 이용해 고객들의 눈높이에서 이해할 수 있게 했습니다. 교육에 참여한 사람들이 기사로만 접하던 서비스들을 실제로 체험하면서 만족도 역시 올라갔습니다. 그 덕에 폴인의 교육 프로그램은 기업들 사이에서 큰 인기를 얻고 있습니다.

우물 안에서는 하늘이 동그랗게 보입니다. 우물의 너비

출처: 폴인 페이스북

만큼만, 우물의 모양으로만 하늘이 보입니다. 하지만 앞서 이야기한 것처럼 고객은 우리가 알지 못하는 이유로 소비를 결정합니다. 고객이 보는 하늘의 모양과 위치가 마케터가 보는 하늘의 모양과 위치와 다르기 때문이겠죠. 경험을 한다는 것은 결국 나의 활동 반경을 넓히고 고객이 바라보는 시선을 마케터 스스로가 장착하는 것입니다.

하지만 매일 똑같은 일상을 경험하며 우물을 벗어난다는 것은 쉬운 일이 아닙니다. 때로는 새로운 시도를 하며 다른 경험을 해야 합니다.

일부러 감각의 더듬이를 뾰족하게 하는 것, 감수성이 뛰어난 마케터가 되기 위한 방법입니다.

멀리, 때론 가까이
여행을 떠나자

내가 사는 지역을 조금만 벗어나도 새로운 광경이 펼쳐질 때가 생각보다 많습니다. 여의도에는 정장 차림의 직장인이 많이 보입니다. 강남 역시 직장인이 많지만 여의도보다는 연령대도 낮고 복장도 자유롭습니다. 홍대, 합정동 지역에서는 타투를 하거나 탈색을 한 사람들을 어렵지 않게 볼 수 있습니다. 그만큼 자유로움을 추구하는 사람들이 많은 지역이라고 볼 수 있겠지요.

저는 가끔 호캉스(호텔에서 휴가나 휴일을 보내는 것)를 합니다. 주로 주말을 이용해 서울 시내에 그리 비싸지 않은 호텔을 이용합니다. 호캉스를 하면 집안일 걱정은 접어두고 일상과 다른 환경에서 휴식을 취하는 즐거움이 있습니다.

마케터의 입장에서 호캉스는 새로운 지역을 방문하는 일이기도 합니다. 호캉스를 할 때는 평소 자주 가지 못하는 지역을 고릅니다. 물론 서울 시내는 호캉스를 하지 않아도 충분히 가볼 수 있습니다. 하지만 평소에는 미팅이나 개인 약속 등 특정한 목적을 가지고 방문하기 때문에 꼼꼼히 둘러보기가 쉽지 않습니다. 하지만 호캉스를 하면 숙소 근처를 마음 편히 돌아보게 됩니다. 약속도 없고 미팅도 없으니 시간 제약 없이 호텔 인근 지역을 구석구석 들여다볼 수 있습니다. 그렇게 들여다보면 골목이 달리 보입니다. 간판이

멋진 곳, 특이한 메뉴가 있는 곳 등 미팅 때문이라면 절대 발견하지 못했을 소소한 재미를 찾을 수 있습니다.

때로는 멀리, 해외로 여행을 떠나는 것도 필요합니다. 한 모임에서 해외여행을 가지 않는다는 사람을 만난 적이 있습니다. 여행을 하지 않고 TV에서 방송해주는 다양한 여행 관련 프로그램을 보는 것만으로도 충분하다는 겁니다. 굳이 해외여행을 하는 게 무슨 필요가 있느냐는 이야기를 하는 사람도 있었습니다. 삶에 어떤 이득이 있기에 가냐는 겁니다. 비싼 돈을 들여서 가는 해외여행 같은 건 나중에 추억팔이나 할 때 필요한 것 아니냐는 거였죠.

저는 생각이 조금 달랐습니다. 여행은 단순히 경치 구경을 하는 것만을 의미하지 않죠. 오히려 그 반대입니다. 짐을 챙기고, 숙소와 이동 수단을 예약하고, 입에 맞지 않는 음식을 먹고, 낯선 사람을 만나는 과정의 연속입니다. 여행의 좋은 점은 새로운 사람을 만나고 새로운 경험을 한다는 데 있습니다. 똑같은 일상을 반복하면서 새로운 관점을 얻기란 쉽지 않습니다. 여행을 통해 내가 쌓아온 경험과 고정관념에 새로운 자극을 주고, 스스로 일상을 새로운 각도로 바라볼 수 있도록 여유를 줘야 합니다.

10년 전쯤, 프랑스 파리에서 열리는 '뉘 블랑슈 Nuit Blanche'라는 빛의 축제에 가본 적이 있습니다. 겨울밤이 되면 파리 전체가 미술관이 됩니다. 오래된 건물과 유명한 거리에서 빛을 활용한 온갖 이벤트가 펼쳐집니다. 거대한 건물의 외벽 전체가 하나의 캔버스가 되고, 조용한 골목이 어느 예술가의 무대가 되기도 합니다. 어린아이부터 어른까지 누구나 웃으며 겨울밤을 즐깁니다. 수십만 명의 관광객과 시민

들이 밤새도록 파리 시내를 활보합니다. 버스는 무료로 운영돼 사람들을 이곳저곳으로 실어 나르고, 구청은 새벽이 되면 무료로 커피와 빵을 나눠줍니다. 이날만큼은 평소 로맨틱하고 조용한 도시인 파리가 잠들지 않는 시끌벅적한 도시로 변합니다.

뉘 블랑슈의 경험은 저에게는 꽤 충격적이었습니다. 온 도시가 살아 숨 쉬고 오래된 건물과 최신 영상 기술 그리고 예술적 감각이 한데 어우러진 종합예술처럼 느껴졌기 때문입니다. 마치 파리라는 도시가 하나의 커다란 무대가 된 듯했습니다.

그 뒤로 저에겐 꿈이 하나 생겼습니다. 뉘 블랑슈를 한국에서 재현하는 것입니다. 언제가 될지는 모르지만, 꼭 이루고 싶습니다. 제가 파리에서 이 광경을 보지 않았다면 생기지 않았을 꿈입니다. 단순히 누군가에게 이런 좋은 축제가 있다고 이야기를 들었다면 꿈까지 생기지는 않았을 겁니다. 하지만 저는 낯선 거리를 직접 걸으며 눈으로 보고, 귀로 듣는 경험을 통해 그 축제의 한가운데에 푹 빠져들 수 있었습니다.

새로운 것들을 최대한 많이 직접 경험해야 합니다. 가깝거나 먼 곳으로, 일상을 벗어나 오감을 최대한 자극할 수 있는 경험을 찾아 때때로 떠나보길 권합니다.

TV광고를
제대로 보는 법

스마트폰이 나온 뒤로 TV는 점차 오래되고 낡은 미디어로 치부되고 있습니다. 많은 사람들이 콘텐츠를 스마트폰으로 접하기 때문입니다. 하지만 TV에서 보여주는 콘텐츠는 여전히 높은 퀄리티를 자랑합니다. 드라마와 예능을 비롯해 뉴스 같은 콘텐츠 역시 그렇습니다. 보다 개별적 취향을 저격하는 유튜브 콘텐츠와 달리 많은 사람이 공감할 수 있는 고퀄리티의 콘텐츠입니다.

마케터라면, TV로 접할 수 있는 다양한 고퀄리티 콘텐츠 중에서도 광고에 주목하라고 말해주고 싶습니다. 마케팅 공부를 하는 데 여전히 훌륭한 교재이기 때문입니다. 페이스북, 유튜브 등 소셜미디어 광고의 영향력이 커지고 있지만 TV 광고는 여전히 사회 전반적인 영향력과 인지도를 보유하고 있습니다.

광고 영상의 길이가 자유로운 온라인 광고(브랜디드 영상, 바이럴 영상 등)와 달리 TV 광고 영상에는 15초라는 시간의 제약이 존재합니다. TV 광고 중에서도 아주 예외적으로 30초나 1분짜리 영상이 있긴 하지만 대부분의 TV 광고는 15초로 만들어집니다. 짧은 시간 안에 기업이 하고 싶은 이야기를 담아야 하기에 기업의 목적을 명확하게 전달하는 게 최우선입니다.

TV 광고를 볼 때 현란한 영상이나 기발한 아이디어에만 정신을 빼앗기지 말고 다음과 같은 질문을 던져보세요.

'이 브랜드에서 저 모델을 기용한 이유는 뭘까?'

'광고 카피는 어떤 목적이 있는 거지?'

'이 광고의 콘셉트는 뭘까?'

'타깃은 누구인 거지?'

15초의 짧은 광고 하나가 나오기 위해서는 몇 주, 때로는 몇 달의 시간이 걸리기도 합니다. 긴 시간이 걸리는 데에는 이유가 있습니다.

먼저, 광고를 누구에게 보여주고 싶은지 타깃을 정해야 합니다. 그와 함께, 타깃이 광고를 본 후 생각이나 행동에 어떤 변화가 일어나길 원하는지 정해야 합니다. 그 생각이나 행동이 회사에 어떤 도움이 될지도 미리 고민해둬야 합니다.

그리고 이 모든 것을 종합했을 때 어떤 광고 모델이 제일 적합할지 판단해야 합니다. 나이가 너무 많거나 너무 어려도 안 됩니다. 브랜드가 구축하고자 하는 이미지가 어떤 것인지, 어떤 목적의 광고를 만들 것인지에 따라 때로는 여성 모델이, 때로는 남성 모델이 더 어울릴 수 있습니다.

그렇게 만들어낸 광고를 어떤 프로그램과 어떤 채널을 통해 내보내는 것이 가장 효과적일지 정해야 합니다. 온라인을 중심으로 할지 또는 오프라인 중심으로 할지, 오프라인이라면 극장이나 옥외 광고를 할지 또는 버스나 택시 외부 광고를 할지 정해야 합니다. 이 밖에도 수많은 고민이 단 15초라는 시간 안에 압축돼 담깁니다.

누군가는 이 광고 한 편을 내보내는 데 숱한 고민을 하고 수십억에서 수백억을 들이지만, 우리는 공짜로 보고 연구할 수 있으니 얼마나 좋은가요. TV에 나오는 광고를 보는 일도 사실은 꽤 소중한 기회인 겁니다.

'이 광고는 어떤 목적으로 만든 걸까?'

'나라면 어떤 모델을 썼을까?'

기업 CEO나 광고 제작자의 관점이 되어 매의 눈으로 살펴보기 바랍니다. 이 또한 마케터에게 필수적인 간접 경험이 되니까요.

마케터가
책을 읽는 이유

좋은 마케터가 된다는 것은 좋은 사람이 된다는 것이기도 합니다. 마케터는 가치를 교환하는 과정을 연구하고 만들어내는 사람입니다. 이때의 가치는 사람들에게 좋은 결과를 선사할 수 있는 것이어야 하죠. 좋은 사람이 자신과 함께하는 사람의 입장에서 배려하고 행동하듯이, 좋은 마케터는 고객의 입장에서 고민하고 생각합니다.

책을 읽는 것은 누군가를 알아가는 좋은 방법입니다. 책에는 그 책을 쓴 사람의 경험과 지식, 가치관이 담겨 있습니다. 책을 읽으면 저자가 긴 시간 동안 또는 평생에 걸쳐 배우고 고민해온 소중한 지식과 세계관을 얻을 수 있습니다.

그것도 2만 원이 채 안 되는 돈으로, 가만히 앉아 책장을 넘기는 것만으로 말이죠. 직접 만나지 않고도 누군가를 깊이 알 수 있는 좋은 방법이기도 하고요.

마케터라고 해서 꼭 경제경영서나 자기계발 책만을 읽어야 하는 것은 아닙니다. 오히려 소설이나 에세이 같은 문학책도 많이 읽어야 합니다. 책은 시대의 담론을 반영합니다. 시대가 다루어야 할, 앞으로 나아가야 할 주제와 이야기를 담고 있습니다. 책을 읽음으로써 작가가 가지고 있는 세상을 이해하는 틀을 잠시 빌려 세상을 바라볼 수 있습니다. 이를 통해 마케터가 막연히 '타깃'이라고 여겨왔던 이들이 사실은 동시대를 살아가는 '사람'이라는 사실을 더 잘 이해할 수 있게 되죠.

저는 독서광은 아닙니다. 읽고 싶은 책이 있으면 사두었다가 짬이 날 때 한번씩 들춰보는 정도입니다. 그런 저에게 한 대학생이 SNS로 마케팅을 공부하려는데 좋은 책을 고르는 방법이 있냐고 물었습니다. 다독가도 아니고 독서 전문가도 아니지만, 제가 나름대로 생각해본 좋은 책 고르는 기준을 정리해서 답변했습니다.

결론적으로 이야기하자면, 누구에게나 딱 맞는 '좋은 책'이라는 기준은 없다는 겁니다. 아무리 훌륭한 업적을 남긴 저자가 쓴 책이라 해도 내가 이해하지 못하면 소용이 없고, 아무리 인기 없고 유명하지 않은 저자가 쓴 책이라 해도 내 인생에 도움이 된다면 좋은 책이기 때문입니다. 저는 다음의 다섯 가지를 기준으로 책을 선택하고, 읽습니다.

첫째, 유명한 책을 읽는다.

판매 순위가 높고 꾸준히 팔리는 책에는 그럴 만한 이유가 있습니다. 오프라인 서점의 경제경영이나 마케팅 코너 매대에 가면 오랜 기간 독자의 사랑을 받아온 스테디셀러들이 전시되어 있습니다. 저는 자주 서점을 찾아 그곳에 놓인 책들을 중심으로 읽어봅니다. 마케터는 대중적인 시각을 갖춰야 하는데, 대중적인 책을 읽는 게 큰 도움이 되기 때문입니다.

둘째, 전문가가 추천하는 책을 읽는다.

다 그런 것은 아니지만, 유명한 사람들이 추천하는 책은

한 번 더 검증을 거친 거라고 생각합니다. 그 밖에 평소 관심을 두고 있는 마케팅 그룹이나 북클럽 등에서 추천하는 책도 제 선택의 기준에 포함됩니다.

셋째, (종이책이든 전자책이든) **일단 산다.**

앞서도 말했듯이, 질은 양에서 나옵니다. 나에게 도움이 되는 좋은 책을 고르고 싶다면 많은 책을 읽어봐야 합니다. 그 경험이 쌓여 스스로 책을 선택하는 안목을 갖추게 되니까요. 어떤 분야에서든 몇 번 시도해보지도 않고 성공률을 높이려는 건 욕심입니다. 많이 해보면 잘하게 될 확률이 높습니다. 그래서 저는 일단 사서 읽습니다.

넷째, 나에게 도움이 될 만한 내용을 한 줄이라도 찾아본다.

아무리 평이 좋지 않은 책이라 해도 내 인생에 도움이 되는 구절이 하나 정도는 있다고 생각합니다. 그래서 어떤 책을 손에 들었든 그 구절을 찾으려고 노력합니다.

마지막으로 **다섯째, 질문하며 읽는다.**

전 책 한 권을 읽는 데 시간이 오래 걸리는 편입니다. 저자의 이야기와 주장에 질문을 던지고, 그에 대한 제 의견을 노트에 적어가면서 읽기 때문입니다. 이 책을 내 삶에, 내

일에 어떻게 적용할지 고민하며 읽습니다. 이런 과정을 겪으면 책의 내용이 더 오래 기억에 남고, 머릿속에서 발효되어 오롯이 제 지식이 됩니다.

'좋은 책'이 어떤 것인가는 사람마다 다르겠지만, '책이 좋다'는 것은 누구에게나 분명한 사실입니다. 특히 마케터는 새로운 지식을 익히는 것은 물론, 나와 다른 시각을 얻기 위해 책을 가까이해야 합니다.

배달의민족이
잡지를 만든다고?!

음식 배달서비스 업체 배달의민족은 매거진B와 협업하여 식재료를 소개하는 잡지 《매거진 F》를 만듭니다. 배달의 민족의 핵심 가치인 '음식'에 대한 철학을 매거진에 담아내는 거죠. 부동산 중개서비스 업체 직방은 볼드저널과 협업하여 《Directory》라는 매거진을 만듭니다. 현대자동차는 1인 가구를 위한 신차 베뉴를 출시하면서 어반라이크와 협업해 혼자 사는 삶의 방식인 '혼라이프'를 다루는 매거진 《VENUE》를 발간합니다.

매거진을 만든다고 기업의 매출이 바로 생겨나는 것은 아닙니다. 하지만 매거진을 통해 전달되는 콘텐츠는 고객들에게 깊은 인상을 남깁니다. 퍼져나가는 시간은 오래 걸리겠지만 그만큼 고객들 사이에서 오래 머무릅니다.

마케팅을 짧은 호흡으로 바라보는 사람들이 종종 있습니다. 예를 들어 이번 달에 광고를 했다면 당장 다음 달부터 매출이 나와야 한다고 생각하는 사람들이죠. 물론 그런 마케팅이 가능한 경우도 있습니다. 많은 돈을 썼거나 운이 좋았던 경우 말이죠.

안타깝게도, 대부분의 마케팅은 결과가 나오기까지 시간이 필요합니다. 고객이 우리 상품과 서비스를 알고, 체험하고, 입소문을 내게 해야 하니까요. 이 과정이 짧게는 몇 달, 길게는 몇 년이 걸릴 수도 있습니다. 그 시간을 버텨내야 하죠. 특히 브랜딩을 할 때는 수고와 시간이 더 많이 필요합니다. 멋지게 광고를 찍어 한두 달 내보내고 예쁜 디자인의 카드뉴스를 만든다고 해서 바로 성과가 보이는 게 아닙니다.

마케팅은 마치 연애와 같습니다. 모두들 소개팅 한두 번쯤은 해봤으리라 생각합니다. 누군가를 소개받은 뒤 어색하게 만나 식사를 하고 이야기를 나누는 것이 일반적인 소개팅의 방식입니다. 기업이 예산을 들여 마케팅을 했으니 바로 구매가 일어나고 팬이 생겨야 한다고 기대하는 건, 소개팅에서 내가 밥과 커피를 샀다고 상대가 나와 사귀어줄 거라는 착각을 하는 것과 비슷합니다.

연애를 할 때 가장 필요한 건 '시간'입니다. 차근차근 서로를 알아가야 하죠.

이성을 만나는 방법에는 크게 두 가지가 있습니다. 요샛말로 '자만추', '인만추'라고 표현할 수 있는데요. 모임이나 내가 속한 곳에서 자연스럽게 이성을 만나고자 하는 것을 자만추(자연스러운 만남을 추구하는 스타일)라고 하고, 누군가의 소개로 이성을 만나고자 하는 것을 인만추(인위적인 만남을 추구하는 스타일)라고 하더군요.

많은 사람이 자만추를 선호하지만, 한 해 한 해 나이를 먹을수록 의도치 않게 인만추가 되어버립니다. 누군가를 자연스럽게 만나기가 어려워지는 거죠. 슬프게도 우리는 다람쥐 쳇바퀴 돌듯 회사와 집만 오가며 살고 있기에 새로운 상대를 만날 시간은 점점 더 부족해져만 갑니다.

그러다 보면 누군가를 새로 만난다는 것이 스트레스가 됩니다. 처음부터 상대방을 알아가면서 믿을 만한 사람인지, 나와 잘 맞는 사람인지 탐색하는 시간이 아까워집니다. 그런데 내가 신뢰하는 친구가 소개해주는 이성이라면 조금 더 신뢰를 갖고 만날 수 있습니다. 친구야말로 나의 이성관을 잘 알고, 내가 좋은 사람을 만나길 바랄 테니 말이죠.

브랜드와 고객이 만나는 경우도 마찬가지입니다. 우연히 브랜드를 알게 되고 관심을 가지게 되는 경우도 있지만, 우리가 어떤 브랜드를 만나는 건 누군가의 소개이거나 자연스러운 만남을 가장한 광고인 경우가 대부분입니다. TV나 페이스북에 나오는 광고도 모두 브랜드를 소개받는 방

마케팅은
마치 연애와 같습니다.
차근차근 서로를
알아가야 하죠.

법 중 하나죠.

브랜드 입장에서 고객과 만나는 가장 바람직한 방법은 그 고객에게 친구가 추천을 해주는 것입니다. 그렇다면 친구는 어떨 때 브랜드를 소개해줄까요? 정말 좋을 때 추천합니다. 사람도 브랜드도, 내가 신뢰하는 지인의 추천으로 만날 때 제일 믿음이 갑니다.

그렇게 만난 두 사람이 처음 만나 연애를 하는 과정에도 서로를 알아가는 시간이 필요합니다. 성격은 어떤지, 음식 취향은 어떤지, 영화는 어떤 장르를 좋아하는지 등 말이죠. 소개팅을 했을 때 흔히 '세 번은 만나봐야 한다'라고 말합니다. 일종의 불문율이라고나 할까요.

그런데 만약 첫 만남 자리에서 상대가 덥석 내 손을 잡고 "나랑 사귑시다"라고 이야기한다면 어떤 기분이 들까요? 아마 몹시 당황스러울 겁니다. '뭐지, 이 사람?' 하면서 오히려 경계심이 커지겠죠.

마케터도 마찬가지입니다. 우연히 우리 광고를 본 고객의 손을 덥석 잡고 "자, 광고 다 봤으니 우리 제품을 사주세요"라고 한다면 고객은 어떤 생각을 할까요? 당연히 당황하고 경계하겠죠. 우리의 제품과 서비스가 고객에게 어떤 가치를 줄 수 있는지 충분히 설명하고 전달해야 합니다. 고객이 우리 이야기를 들어주고 믿어주고 기억하는 데까지는 시간이 걸릴 수밖에 없습니다. 그때까지 우리 이야기를 꾸준히 매력적으로 전달하는 것이 마케터의 일입니다.

물론 누군가는 길을 가다 본 이성에게 첫눈에 반해 연락처를 묻고 바로 연애에 성공할 수도 있습니다. 실제로 그런 브랜드도 있겠지요. 디자인이 정말 뛰어나거나, 가격이 놀랍도록 저렴하거나, 오랫동안 찾았는데 눈앞에 딱 보였다거나 하는 식으로 말이지요. 하지만 현실에서 그런 경우가 얼마나 될까요? 예외적인 상황, 일어날 확률이 희박한 상황을 기대하며 마케팅을 할 수는 없는 일입니다.

연애에 시간과 여유를 가지는 것처럼 마케팅에도 그런 시각이 필요합니다.

팀장님, 이렇게
접을 수는 없습니다

김치는 별도의 재료를 더하지 않아도 시간이 지날수록 스스로 익어가며 더 깊은 맛을 냅니다. 대신 맛있게 익어가려면 좋은 재료로 정성스레 만든 김치여야 하겠죠.

마케팅과 브랜딩도 시간이 지나야 합니다. 그래야 누군가의 입맛에 맞는 깊은 맛을 냅니다. 처음부터 모두의 관심을 받는 건 어렵습니다. 하지만 정성을 들여 좋은 마케팅을 꾸준히 한다면, 시간이 지날수록 마케터가 원했던 바로 그 사람들이 내 브랜드를 알아주는 시기가 옵니다. 그 시간까지 견디는 힘이 필요하지요.

2015년에 BC카드를 알리는 브랜드 프로젝트의 메인

PM(프로젝트 매니저) 역할을 맡았습니다. 전원이 연결되고 무선인터넷이 되는 곳이면 어디에서든 카드 결제가 가능한 이동형 팁 박스, 일명 'BC 스트리트 박스'를 만들었습니다.

홍대와 신촌을 돌면서 인디밴드 가수들이 버스킹을 하고 나면 관중이 이동형 팁 박스에 카드로 팁을 결제하는 캠페인을 진행했습니다. 인디밴드 가수들과 미스틱 엔터테인먼트와의 협업을 통해 조규찬이 프로듀싱을 하고 조정치, 장재인, 에디킴이 콜라보로 참여한 프로젝트 음원을 발표하기도 했습니다.

전국의 CGV에서는 한 달 동안 이 캠페인을 알리는 광고를 상영했지요. 그리고 연말에는 미스틱 소속 가수들과 인디밴드들이 참여하고 1,000여 명의 관중이 참석한 콘서트를 진행하기도 했습니다.

이렇게만 들으면 이 프로젝트가 꽤나 흥행에 성공한 듯 느껴집니다. 그런데 혹시 이런 프로젝트를 들어보신 적 있나요? 아니면 주변에서라도 알고 있는 사람이 있을까요? 아마 직접 들어본 적도, 안다고 말하는 주변 사람도 없을 것입니다.

　아쉽게도 이 프로젝트는 널리 알려지진 않았습니다. 실상이 이렇다 보니 당시 회사 내부에서도 프로젝트의 효과에 반신반의하는 눈초리를 보냈습니다. 캠페인 첫해를 마치고 다음 해 사업계획을 고민하던 당시, 팀장님도 "이 프로젝트는 올해까지만 하자"라고 이야기할 정도였죠.

　하지만 제 생각은 조금 달랐습니다. 잘 안 알려진 프로젝트이지만 내용 자체는 사람들이 관심을 가질 만한 요소가 많았습니다. 분명히 이 프로젝트를 사람들이 알아봐 줄 것 같았고 그때까지 조금 더 시간이 필요할 뿐이라고 생각했습니다.

다음 해 초, 그 캠페인을 한 시상식에 출품해 작은 상을 받았습니다. 저는 수상 소식을 보도자료로 작성해 언론사에 배포했습니다. '사람들이 잘 알지도 못하는 상을 받은 걸 가지고 굳이 보도자료까지 내야 하느냐'라고 이야기하는 사람도 있었죠. 그런 반응을 접하면 조금 의기소침해지기도 했지만, 그래도 꾸준히 알려야 사람들이 알아준다고 생각에 몸을 계속 움직였습니다. 이후 크고 작은 몇 개 언론사에 기사가 실렸습니다.

몇 달 뒤, 회사로 한 통의 전화가 걸려왔습니다. 한 방송국에서 자신들이 준비하고 있는 새로운 프로그램에 우리가 만든 이동형 팁 박스가 필요하다는 것이었습니다.

한달음에 상암동으로 달려가 PD와 작가를 만났습니다. 이동형 팁 박스를 방송에 꼭 써달라고 강조했습니다. 일반적으로는 방송에 제품을 노출하려면 회당 수백만 원에서 수천만 원의 협찬 비용을 지불해야 합니다. 그런데 공짜로 노출할 수 있으니 얼마나 좋은 기회인가요.

얼마 지나지 않아 BC 스트리트 박스는 유희열, 하하가

MC를 맡은 방송에 사용되기 시작했습니다. 연예인이나 유명 인사가 길거리에서 즉석 강연을 한 뒤, 이에 감동한 청중이 이동형 팁 박스에 카드를 대면 기부금이 결제되는 포맷의 방송이었습니다. 그렇게 JTBC의 교양 프로그램 〈말하는 대로〉를 통해 BC 스트리트 박스는 전국으로 알려졌습니다.

나중에 방송 PD에게 언론사 기사를 보고 BC 스트리트 박스를 알게 됐다는 이야기를 들었습니다. 많은 사람들의 눈총을 사며 배포했던 그 보도자료가 인연을 만들어준 것이죠.

만약 이 캠페인이 사람들에게 매력적이지 않았다면, 팀장님과 윗분들의 의구심에 프로젝트를 접었다면, 수상 소식을 보도자료로 내지 않았다면 방송국과 협업할 기회는 붙잡지 못했을 겁니다. 저의 승진도 조금 미뤄졌을지 모르고요(이 프로젝트 덕분에 CEO 표창도 받고 승진도 할 수 있었습니다).

내가 옳다고 생각하는 것을 행동으로 옮기면 언젠가는 그것이 결과치로 찾아옵니다. 행동한 모든 것이 좋은 성과로 이어지진 않겠지만 행동하지 않으면 아무것도 얻을 수 없다는 걸 우리는 이미 알고 있지요.

워크숍,
혼자 가면 안 될까?

마케터가 자신의 마케팅을 긴 호흡으로 바라보고 사람들이 알아볼 수 있을 때까지 버텨내려면, 무엇을 해야 할까요? 마케터 스스로 시간을 갖는 일이 필요합니다. 쉬지 않고 꾸준히 일하는 것만으로는 제대로 해낼 수 없습니다. 잠시 멈춰 서서 내가 올바른 방향으로 일을 해나가고 있는지, 이 일들을 어떻게 정리해야 하는지 생각해봐야 합니다.

패기에 차 있던 입사 2년 차, 신규 사업의 런칭 행사 PM을 맡게 됐습니다(지금 돌아보니 그 중요하고 큰일을 2년 차에게 맡긴 팀장님도 참 대단하셨다는 생각이 드네요). 고객사의 내빈과 기자들을 초청하는 일부터 호텔 대관, 호텔 내부의 홍보물 제작 그리고 체험공간 운영까지 기획해야 했습니다.

대행사가 있긴 했지만, 이 많은 일을 입사 2년 차인 제가 PM을 맡아 진행하기에는 실력이 턱없이 부족했습니다. 결국 일이 터졌습니다. 행사가 코앞에 닥쳤는데 대부분의 일이 예상 일정보다 지연된 것입니다.

보다 못한 팀장님께서 옆 팀 선배를 투입했습니다. 얼떨결에 투입된 선배는 업무 현황 파악부터 시작했습니다. 그러던 중 한마디를 했습니다.

"야, 일을 정리해가면서 해야 돼."

사실 이 말을 듣던 당시에는 이해가 가기보다는 화가 났습니다.

'아니, 시간이 있어야 정리를 할 것 아닌가. 일할 시간도 없는데 무슨 정리를 하라는 거야!'

속마음이야 그랬지만, 선배의 지휘 아래 제가 하고 있는 업무들을 분류하고 업무별 진척 상황을 정리했습니다. 그러자 정체돼 있던 일들이 하나씩 진행됐고, 다행히 런칭 행사도 무사히 치를 수 있었습니다. 저는 지금도 그날 선배의 그 말을 잊지 못합니다.

일을 하다 보면 실수를 할 때가 있습니다. 그런데 보통 실수는 마음이 급하거나 충분히 쉬지 못했을 때 생깁니다. 새로운 마케팅이나 광고를 기획할 때 마케터가 가장 먼저 해야 하는 일은 바로 '아무것도 하지 않는 것'입니다. 정확히는 '아무것도 하지 않고 차분히 생각하는 시간을 가지는 것'입니다. 가장 기본적인 사항들을 자신에게 하나씩 물어봐야 합니다.

'이 마케팅을 왜 하는 거지?'

'목적이 뭐지?'

'타깃이 누구지?'

가장 중요한 질문은 이것입니다.

'고객은 왜 우리 상품과 서비스를 이용해야 하는 거지?'

질문을 만들기 위해 그리고 그 질문에 답하기 위해 필요한 것이 바로 시간입니다.

조직 및 리더십 커뮤니케이션 전문가인 김호 대표가 쓴 《쿨하게 생존하라》에는 'GPS'라는 개념이 나옵니다. 살아가는 데에는 GPS, 즉 Go, Play, Stop이 필요하다는 것입니다. Go는 일터에서 열심히 일하는 것을 의미합니다. Play

는 휴식과는 조금 다른, 직업과 연결될 수 있는 활동을 하는 것을 의미합니다. 그리고 마지막으로 Stop은 온전한 휴식을 취하는 것을 의미합니다. 특히 휴식을 할 때는 시간상·공간상으로 일상에서 벗어날 필요가 있다고 이야기합니다. 그래야 새로운 생각을 할 수 있다는 겁니다.

저는 회사를 그만둔 후, 해마다 연초가 되면 '나 홀로 워크숍'을 떠납니다. 일주일 정도 가족, 친구와 떨어져 제주도에서 오롯이 혼자의 시간을 보냅니다. 책을 읽거나 차를 마시거나 밀린 일을 처리합니다. 그리고 가장 중요한 일을 합니다. 지난 한 해 동안 해온 일들을 정리하고 리뷰하는 것입니다. 주요 성과와 업무들에 번호를 매겨 글을 쓰고 온라인에 게재합니다.

바쁜 일상에서 벗어나지 않으면, 지난 일들을 되돌아보기가 쉽지 않습니다. 이번 주 내로, 아니 당장 오늘 내로 해야 할 일들에 파묻혀 살기 십상이니까요. 내가 한 일들을 정리하고 성과를 되돌아보는 과정을 통해서 비로소 조금씩 성장해온 나를 발견하게 됩니다. 그러고 나면 작년 한 해의 활

동 중 아쉬운 점은 무엇이었는지, 올해는 일하는 방식을 어떤 식으로 개선해나가야 할지 길을 찾을 수 있습니다.

나 홀로 워크숍을 두고 누군가는 "혼자 가는 여행에 이름 하나는 잘 붙인다"라고 이야기하더군요. "꼭 그렇게 어딘가로 떠나야만 한 해를 정리할 수 있는 거야?"라고 묻는 사람도 있었습니다. 워크숍이건 여행이건, 명칭이 중요한 건 아닙니다. 일상을 떠나는 게 가장 좋지만 꼭 어딘가로 떠나지 않아도 됩니다. 중요한 것은 내가 지금 하고 있는 일을 모두 멈추고 자신을 되돌아보고 정리하는 시간을 갖는 것입니다. 멈춰야 비로소 보이는 것이이 있다던 혜민 스님의 말처럼 말이죠. 그리고 보여야 정리할 수 있습니다. 내가 자신을 정리할 수 없다면 나의 마케팅도 흐트러진 상태로 이뤄질 수밖에 없습니다.

멈춰야 보입니다.
보여야 정리할 수 있습니다.

분식집을 가득 덮은
전단지의 비밀

우리의 일상은 어떻게 바라보느냐에 따라 스쳐 지나가는 사소한 시간이 되기도 하고 새로운 아이디어의 원천이 되기도 합니다.

여행 콘텐츠를 기획하는 회사 트래블코드가 발간한 《퇴사준비생의 도쿄》,《퇴사준비생의 런던》 등 '퇴사준비생' 시리즈를 좋아합니다. 특히 《퇴사준비생의 도쿄》는 온라인 콘텐츠로 처음 발행돼 인기를 얻었고 책으로까지 출간됐습니다. 그 책에는 일본 도쿄에서 저자들만의 시선으로 바라보고 발견한 다양한 가게와 브랜드의 이야기가 담겨 있습니다.

그런데 이 책이 인기를 얻는 것을 보면 한편으로는 조금 신기하기도 합니다. 1년에 일본을 방문하는 한국인의 수가 700만 명이 넘는다고 합니다. 한 해에만 그렇다고 하니 5년 정도를 잡으면 일본, 그중에서도 도쿄를 방문한 사람들의 수는 엄청날 겁니다. 독자 입장에서 본다면 자신들도 대부분 가본 곳일 텐데 왜 그곳들을 소개한 책을 사는 걸까요?

아마도 관광객의 관점이 아닌 '퇴사준비생'의 관점에서 쓰였기 때문일 겁니다. 많은 사람이 한 번쯤 가봤을 법한 공간을 퇴사준비생이라는 특수한 상황에 놓인 사람들의 시선과 관점으로 바라본 것이죠.

그렇다면 트래블코드는 어떻게 자신들만의 관점으로 도쿄를 바라볼 수 있었을까요? 저는 관찰의 힘이 있어서라고 생각합니다. 사소하게 지나칠 법한 일상을 조금 더 자세히, 조금 더 가까이에서, 조금 더 오래 지켜본 덕분이라고 말이죠.

일상을 조금 더 가까이에서 다른 시각으로 바라보는 것이 비즈니스로 연결된 또 다른 사례도 있습니다.

런드리고라는 스타트업은 빨래를 대신 해주는 서비스를

제공하며 사람들의 삶을 획기적으로 바꿔주고 있습니다. 매일 밤 11시 전에 내 집 앞에 내놓은 빨래를 수거해 깨끗하게 세탁한 뒤 다음 날 밤 집 앞으로 다시 가져다줍니다. 런드리고 서비스를 처음 신청하면 보안장치가 달린 수거함을 주는데 빨래를 이곳에 담아두면 됩니다. 강남에서 처음 서비스를 시작해 이제는 서울 전역과 수도권 일대에 서비스를 제공하는 런드리고는 세탁기가 없는 삶을 만들어가고 있습니다.

그런데 이 런드리고 사업이 나오게 된 배경이 재미있습니다. 런드리고를 운영하는 조성우 대표는 이전에 하던 사

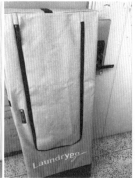

업이 잘 안 돼 머리를 식힐 겸 미국으로 긴 여행을 떠났습니다. 렌터카를 타고 이곳저곳 여행을 하던 중 주차해둔 차에 도둑이 들었습니다. 차 뒷유리창이 깨져 있고 중요한 물건들이 사라졌습니다. 그런데 딱 한 가지, 도둑이 가져가지 않은 물건이 있었습니다. 바로, 빨래였습니다.

도둑조차 가지고 가지 않는 빨래를 바라보던 중, 조성우 대표는 이와 관련된 사업을 해보면 어떨까 하는 생각을 하게 됐다고 합니다. 누군가에게는 그저 여행 중에 일어난 좋지 않은 일이 상황을 자세히 바라보는 사람에게는 비즈니스의 출발점이 될 수도 있습니다.

저는 미팅이나 업무차 강남역에 자주 갑니다. 하루는 우연히 강남역 근처에서 한 분식집을 발견했습니다. 가게 외관을 뒤덮고 있는 수많은 전단 때문에 눈길이 갔습니다. '저곳은 뭐 하는 곳이기에 유리창이 덮일 정도로 전단을 붙여놨을까?' 하는 궁금증이 들어 가까이 가보니 손님들이 꽤 들어차 있었습니다. 창문 밖에 붙여진 전단으로 보였던 것들은 사실 그 분식집에서 파는 메뉴들이었습니다. A4 크기의 종이에 메뉴별로 사진과 설명을 담고 코팅한 것들이었죠. 그냥 지나치려는데 종이에 쓰여 있는 문구들이 예사롭지 않습니다.

'뜨겁게 달군 돌솥에 각종 나물을 넣은 비빔밥입니다.'

'철판김치볶음밥에 치즈를 듬뿍 올렸습니다.'

어찌 보면 정직하고 소박하기 그지 없는 내용들이었지만 그래서 더 그 설명을 보고 먹고 싶다는 생각이 들었습니다. '흰 쌀밥', '100% 참깨 참기름', '치즈를 듬뿍'과 같은 구체적인 표현 역시 눈길을 끌었습니다. 강남역에 있는 수많은 분식집 중에서도 이곳이 제 발길을 잡아끈 비결은 바로 그것이었습니다.

만약 제가 길을 바삐 걷는 것에만 집중했다면 이 가게만의 정성과 노력이 담긴 외부 메뉴판을 발견하지 못했을 겁니다. 오늘, 무심코 오가던 출퇴근길을 조금 더 자세히 둘러보는 건 어떨까요?

마케팅의 강력한 힘은 디테일에서 나올 때가 많습니다. 디테일은 가까이 가야만 볼 수 있습니다. 소비자의 일상에 가까이 다가가야 합니다. 고객이 '어? 이런 부분까지 신경을 썼네?' 하는 마음이 들 때, 그들의 마음에 울림이 생깁니다. 이 과정을 거치는 브랜드가 팬을 만들고 고객의 머릿속에 남게 됩니다.

이태원에는 '맥심 플랜트'라는 카페가 있습니다. 이름에서 알 수 있듯이 커피 브랜드 맥심에서 만든 카페입니다. 층마다 넓은 창과 일하기 좋은 큰 책상 그리고 야외 테라스를 갖추어 많은 사람이 찾습니다. 건물의 맨 위층에는 커피를 마실 수 있는 공간과 더불어 아기자기한 소품들을 판매하는 공간도 있습니다.

이 카페에서 제가 감동했던 건 아름다운 인테리어도, 햇살이 쏟아져 들어오는 큰 창도, 아기자기한 소품들도 아니었습니다. 바로 영수증 하단에 적힌 문구였습니다. 거기에는 카페의 와이파이 비밀번호가 적혀 있었습니다.

보통은 통신사에서 와이파이를 설치하면서 최초로 정해준 비밀번호를 그대로 쓰거나 가게 이름을 따서 비밀번호를 정합니다. 조금 센스 있는 매장은 가게의 전화번호를 비밀번호로 하기도 하죠.

그런데 맥심 플랜트의 비밀번호는 조금, 아니 많이 달랐습니다. 이곳의 와이파이 비밀번호는 'coffee = maxim'이었습니다. 뭔가 떠오르는 문구가 있지 않나요? 그대로 읽으면 '커피는 맥심'이 되죠. 맥심 광고의 대표 슬로건이자 많은 연예인이 성대모사를 했던 바로 그 멘트를 와이파이 비밀번호로 설정해둔 겁니다.

이 문구를 와이파이 비밀번호로 정한 사람은 디테일의 힘을 아는 사람일 겁니다. 맥심 플랜트를 찾는 대부분 사람이 와이파이를 사용하기에, 비밀번호를 최소 한 번 이상 타이핑한다는 걸 알고 있는 거죠. 알파벳과 숫자의 조합 같은

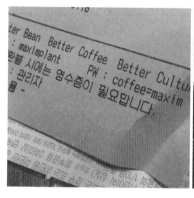

일상적인 비밀번호가 아니라 기업의 광고 슬로건을 자연스럽게 전달하는 디테일의 힘이 느껴지는 곳이었습니다.

　일상을 관찰하는 데에는 의외로 많은 에너지가 필요합니다. 우리가 일상이라고 부르는 이유는 별도의 노력이나 큰 에너지가 필요치 않은 평범한 시간과 공간이기 때문이죠. 그러므로 일상을 관찰하려면, 회사에서 일을 하거나 상사의 질문에 대답하는 것과 같은 노력이 필요합니다.

　마케터가 영감을 얻고 새로운 아이디어를 얻는 데 일상만큼 좋은 곳도 없습니다. 우리의 고객이 살아가는 곳, 그리고 대부분의 소비가 이뤄지는 곳이 바로 일상이기 때문입니다. 일상에 우리의 삶이 있습니다. 일상이야말로 마케터의 경험이 쌓이기 가장 좋은 곳입니다.

사진을 찍자

지금 당신의 호주머니에는 최고급 카메라가 들어 있을 겁니다. 바로 스마트폰이죠. 마케터가 카메라를 잘 활용할 줄 알면 좋습니다. 특히 기록하는 데 말이죠. 사진과 동영상만큼 생생한 기록은 없습니다. 특히 요즘 스마트폰은 내가 어느 지역에서 찍은 사진인지 금세 알 수 있도록 지도와 사진을 연동해줍니다.

지금 제 스마트폰에는 4만 장 정도의 사진이 있네요. 여행을 다니거나 지인들을 만나 찍은 갠소(개인 소장)용 사진도 많지만, 길거리를 다니다가 영감을 주는 장면들을 기억하기 위해 찍은 사진들도 많습니다. 새로 생긴 매장이나 인상적인 안내문, 가게의 간판들입니다. 페이스북이나 인스타그램을 보다가 기억하기 위해 캡처해둔 것도 많습니다.

너무 많다 보니 언제 찍었는지는 아리송한 사진도 있습니다. 하지만 어디서 찍었는지는 대부분 기억이 납니다. 그럴 때면 사진과 연동된 지도 정보를 활용해 사진을 찍은 위치를 찾아내 기억을 되살리기도 합니다.

사진을 찍는 것 외에 캡처할 대상도 많아졌습니다. 페이스북과 유튜브에 좋은 글과 참고할 만한 광고들은 나중을 위해 꼭 캡처해두곤 합니다.

자신의 아이디어와 관련된 사진을 찍어두는 건 두 가지 이유에서 굉장히 좋은 습관입니다. 나중에 마케팅 아이디어를 구현할 때 참고할 수 있다는 점이 첫 번째 이유입니다. 앞서 이야기한 것처럼 하늘 아래 새로운 것은 없습니다. 사람들이 좋아하는 것들을 조합하고 내 아이디어를 더할 뿐입니다. 그때 기억을 지원하는 것이 사진입니다. 사진만큼 명확한 것은 없습니다.

두 번째 이유는 공감과 설득에 도움이 된다는 것입니

다. 우리는 늘 누군가와 함께 일합니다. 같은 팀이나 옆 팀의 동료일 수도 있고, 때로는 다른 회사의 파트너일 수도 있죠. 함께 일한다고 해서 모두 같은 생각을 하는 건 아닙니다. 아주 사소한 단어에 대해서도 각기 다르게 이해하는 경우가 많습니다. 흔히 이야기하는 컨센서스(공감대)를 이루고자 할 때 사진은 좋은 도구가 됩니다.

영상이나 이미지 광고를 만들 때 보통 먼저 하는 일이 바로 레퍼런스(참고)를 찾고 모으는 일입니다. 우리가 만들려는 광고가 어떤 느낌이었으면 좋겠는지를 보여줄 수 있는, 우리 머릿속 생각과 최대한 비슷한 사진과 영상을 찾습니다. 만들고자 하는 광고의 콘셉트를 이렇게 설명한다고 해봅시다.

"산뜻한 이미지를 가졌지만 강인한 느낌이 더해졌으면 좋겠어요. 조금 앞서가면서도 공감대를 형성할 수 있는 그런 광고 말이에요."

누구나 정확히 이해할 수 있을까요? 아마도 제각각 다르게 받아들일 겁니다. 이때 '예를 들자면 이런 광고들에 나오는 것'이라고 하면서 내 생각과 가장 가까운 사진과 영상을 레퍼런스로 보여주면 함께 일하는 사람들이 쉽게 이해할 수 있겠죠.

　백문이 불여일건입니다. 보여줍시다, 우리 머릿속 생각을. 그러려면 평소에 많이 찍어두어야 합니다.

기록을 남기자

주변에서 본 것들을 사진으로 남겼다면, 그때 떠오른 생각도 메모해두는 것이 좋습니다. '오, 좋은 생각이다!'라고 흥분했다고 해도 '집에 가서 메모해야지'라고 하는 순간 다시는 떠올리지 못할 걸 각오해야 합니다.

사실 제가 그렇습니다. 종종 좋은 아이디어와 글귀가 떠올라 '책 쓸 때 참고해야겠다'라고 생각했는데, 나중에 써먹으려고 하면 도무지 떠오르지 않습니다. 운이 좋으면 다시 생각이 나기도 하지만 제가 그리 운이 좋은 편은 아닙니다. 그래서 열심히 메모합니다. 이 책을 쓰는 지금도 평소 틈틈이 해두었던 메모를 참고하고 있습니다.

메모를 하는 방법은 여러 가지입니다. 종이에 직접 쓸 수도 있고, 스마트폰에 메모를 할 수도 있습니다.

저는 스마트폰을 자주 활용합니다. 원래는 종이 메모를 선호하는 편이었는데 이제는 순간적으로 떠오르는 아이디어를 정리하거나 메모를 할 때는 어김없이 스마트폰을 켭니다. 특히 클라우드 기반의 앱에 기록할 수 있는 에버노트나 구글독스를 활용한 뒤로는 메모의 기술도 더 향상됐습니다.

스마트폰의 클라우드 앱 기반 서비스에 메모하기를 추천하는 이유는 휴대성과 기록 편의성, 검색 편의성 때문입니다.

종이 노트에 메모하는 습관이 있다면 노트를 휴대하지 않았을 때 메모를 하지 못하게 됩니다. 하지만 스마트폰을 놓고 어딘가를 간다는 건 상상도 할 수 없지 않나요? 아이디어는 장소나 시간을 가리면서 떠오르지 않습니다. 그러니 조금이라도 더 많이, 더 자주 메모를 남기려면 조금 더 편하게 기록할 수 있는 환경에 습관을 들일 필요가 있습니다.

또한 기록하기도 편리합니다. 어두운 곳에서든 필기가 불편한 곳에서든 스마트폰으로는 입력에 제약을 받지 있습니다. 저는 지방에 강의를 하러 가거나 미팅에 참여하기 위해 직접 운전을 하는 경우가 많습니다. 종종 운전을 하는 와중에 아이디어가 떠오르는데요. 풍경을 보거나, 라디오를 듣거나, 옆자리 동행과 이야기를 할 때 등 예측하기 어려운 순간에 아이디어가 떠오릅니다. 하지만 운전 중이니 타이핑을 할 수가 없죠. 그럴 때는 메모장 앱을 켜 음성인식 키보드를 실행하고 말을 합니다. 그러면 앱이 제 음성을 인식해 자동으로 텍스트로 저장합니다. 생각보다 인식률이 높아 오타도 거의 나지 않습니다. 간혹 음성메모를 사용해 제 목소리를 녹음해두기도 합니다. 하지만 눈에 보이는 메모가 아니라 검색이 어렵고, 나중에 메모들을 모아 한꺼번에 살펴보는 게 불가능해서 녹음보다는 음성인식 키보드를 사용하는 편입니다.

스마트폰의 클라우드 기반 메모를 추천하는 또 한 가지 이유는 검색 편의성입니다. 종이 노트 어딘가에 적어둔 생각과 아이디어를 다시 찾으려면 앞장 뒷장을 넘겨가며 일일이 읽어봐야 합니다. 심지어 노트가 많아지면 어느 노트에 적었는지 기억이 나지 않을 수도 있죠. 하지만 클라우드 기반 앱에 기록해두면 키워드로 쉽게 검색할 수 있습니다.

또 스마트폰이나 태블릿 PC, 노트북 등 내가 사용하는 기기의 종류와 관계없이 인터넷만 연결되어 있다면 조금 전까지 작성했던 메모를 확인하고 이어서 생각을 정리할 수 있습니다. 지금 이 책의 원고 역시 노트북으로 구글독스에 작성하고 있습니다. 이동 중에 확인할 일이 생기면 스마트폰으로 접속해 원고를 읽고 수정할 수 있죠.

우리가 기록을 하는 건 아이디어가 필요할 때 최대한 빨리 활용하기 위해서입니다. 내 아이디어 저장고에서 언제든 편리하게 기록을 꺼낼 수 있어야 합니다.

아이디어는 때와 장소를 가리지 않습니다. '와, 방금 했던 생각 되게 좋은데?'라는 생각이 든다면 1초도 머뭇거리지 말고 스마트폰을 켜세요. 스마트폰을 보다가 소장하고 싶은 이미지를 발견했을 때 캡처하는 것처럼, 기억해두고 싶은 좋은 생각이 떠오르면 바로 그때 기록해야 합니다.

마케터를 위한
참고 노트

1 즐겨 찾는 오프라인 공간 ▬▬▬▬▬▬▬▬▬▬

지역

성수동   성수역 인근, 서울숲 근처 카페 거리
과거와 현재가 어우러진 묘한 매력을 가진 공간

테헤란로   인근 카페 어디든
핫한 스타트업이 가장 많이 몰려 있는 곳

강남역   메인대로, CGV 뒷골목
대중 트렌드를 가장 빠르게 접할 수 있는 곳

가로수길   가로수길 양쪽 뒷골목
대형 브랜드의 팝업 스토어와 매력적인 카페들이 숨어 있는 곳

제주   플레이스캠프, 사계리
휴식에 관해서라면 대한민국 어느 곳도 따라올 수 없는 곳

서점

대형서점   강남, 광화문 교보문고
사람들의 관심과 욕망이 담긴 베스트셀러를 확인할 수 있은 곳

독립서점   책발전소(위례, 당인리), 최인아책방(선릉, GFC), 소심한
책방(제주)
대형 서점에서 볼 수 없는, 사람들의 숨겨진 관심사를 확인할
수 있는 곳

2 즐겨 찾는 인터넷 공간 ▬▬▬▬▬▬▬▬▬▬

| 퍼블리 | https://publy.co/
일하는 사람들이 봐야할 컨텐츠 모음 플랫폼 |
| 퇴사준비생의
여행 | https://bagtothefuture.co/
랜선 여행은 물론 여행지의 비즈니스 인사이트를 전하는 컨텐츠 |

자료

| 오픈서베이 | https://www.opensurvey.co.kr/
유료 퀄리티 수준의 무료 리포트를 발간하는 서베이 전문회사 |
| 캐릿 | https://www.careet.net/
Z세대에 대한 모든 것이 담겨 있는 미디어 |

이메일

| 뉴닉 | https://newneek.co/
MZ세대를 위한 경제 해설 뉴스레터 |
| 썸원의
Summary
& Edit | https://page.stibee.com/subscriptions/50103
인기 기사와 콘텐츠를 요약해주는 고마운 뉴스레터 |

3 기타

책, 매거진

| 매거진B | 브랜드를 깊고 진지하게 분석해 둔 시선 만날 수 있는 매거진 |
| iiin(I'm in
island now) | 몰랐던 제주를 발견할 수 있는 보물 같은 매거진 |

음악

| 음악
스트리밍
서비스
TOP 100 | 시대에 뒤처지지 않으려면 남들이 지금 무엇을 듣는지도 수시로 확인 필요. |

2장.

질문하는 ——
—— 마케터

"느낌표는 머리를 닫게 하지만, 물음표는 머리를 열게 한다."

어느 작가의 인터뷰에서 본 글입니다.

인간이 새로운 생각을 하는 데 가장 큰 원동력으로 질문이 꼽힙니다. 생각한다는 것은 곧 질문한다는 것과 비슷한 의미입니다. 머릿속 생각은 자신에게 던지는 질문에서 시작되기 때문입니다. 자신에게 질문을 던지고 답을 내리면서 생각이 이어집니다. 질문하지 않는다면 생각도 이어지지 않습니다.

질문은 질문을 낳습니다. 질문이 이어져야 새로운 생각이 탄생합니다. '아, 그렇구나'가 아니라 '잠깐, 이건 왜 이렇지?'라는 의문이야말로 마케터의 새로운 관점을 만드는 열쇠이자 시작점입니다.

하지만 불행히도 우리는 누군가에게 질문하는 걸 두려워하는 사회에 살고 있습니다. 어렸을 때부터 '정답'을 말하는 것에 길들여져 있어서 그럴 수도 있겠지요. 그럼에도 새로운 생각을 위해서 질문은 필수입니다.

이 장에서는 마케터가 질문을 해야 하는 이유와 질문을 하는 방법에 대해 이야기해보려 합니다.

그랜저는 왜
그 메시지를 선택했을까?

현대자동차에서 새로 출시한 2020년형 그랜저 광고가 온라인에서 이슈가 된 적이 있습니다. 거기에는 몇 가지 이유가 있었습니다.

첫 번째는 그랜저 광고에서 내세운 슬로건 '2020 성공에 관하여' 때문이었습니다. 광고에 '성공하는 사람들은 그랜저를 탄다'라는 메시지가 나오는데, 광고를 보는 사람들은 동의하기 어려웠던 것 같습니다. '성공하는 사람이 왜 그랜저를 타나?'라는 반응이 나온 겁니다.

그 이유는 현대자동차의 상품 라인업에 있습니다. 그랜저 아래에는 대중적인 중형차 소나타가 자리 잡고 있고, 그랜저 위에는 제네시스가 있습니다. 제네시스가 현대라는 브랜드를 떼고 독립적인 브랜드로서 고객들에게 다가가려고 노력하고는 있으나, 국내에서는 현대자동차에서 만들었다는 걸 모르는 사람이 없습니다. 그러니 성공하면 그랜저가 아니라 제네시스, 나아가 외제 차를 탄다는 생각을 하는 거죠.

그랜저 광고에서는 왜 이런 메시지를 내세웠을까요? 마케팅팀이 사람들의 마음을 읽지 못해서였을까요? 저는 이 광고를 만든 사람들이야말로 이런 상황을 가장 잘 알고 있을 거라고 봅니다. 광고 하나를 만들 때는 몇 개월에 걸쳐 수많은 고객을 대상으로 설문조사를 합니다. 하물며 신차를 출시하면서 수십, 수백억 원을 들여 광고를 하는데 소비자의 인식을 모를 리 있을까요?

또한 그랜저는 오랜 기간 사랑받아온 스테디 셀링 브랜드입니다. 실제로 그랜저는 2018년에는 국산 차량 중 세 번째, 2019년에는 국산 차량 중 첫 번째로 많이 팔린 차입니다. 2019년 말에 나온 2020 그랜저는 실내외 디자인도 꽤 호평을 받으며 국내 차량 중 두세 번째로 많이 팔리는 위치를 지키고 있습니다. 이처럼 그랜저는 출시가 되면 자동으로 판매가 일어나는 차량입니다. 한마디로, 차량 판매를 위해 소비자들이 공감하지 못할 만한 메시지를 광고에 억지로 넣을 이유가 전혀 없다는 겁니다.

그런데 왜 그랜저는 그런 메시지를 광고에 넣었을까요? 광고 효과 측면에서 보자면 한 가지 짐작되는 부분이 있습니다. 그랜저는 일반 개인이 구매하기도 하지만, 기업이 자사 임원들을 위해 구매하는 경우가 많습니다. 현대자동차 그랜저팀에서는 광고를 통해 자신들의 고객인 일반 고객과 기업의 임원 고객들이 '나는 성공한 사람들이 타는 차를 타고 있다'라고 여길 수 있도록 근거를 마련해준 거라는 생각이 들었습니다. 즉 '소비의 정당화'를 위한 근거를 제공한 거죠. 인기가 높고 많이 팔리는 차는 자칫 식상해지고 범용적인 차라는 인식을 줄 수 있습니다. 새로 산 옷을 입고 집을 나섰는데 같은 옷을 입은 사람을 마주치게 되면 너도 나도 입는 옷을 산 것 같은 기분이 들지 않나요? 그와 비슷합니다. 그런 마음을 갖지 않도록 '그랜저는 성공하는 사람이 타는 차다'라는 이미지를 심고자 의도했을 수 있습니다.

또 하나 이슈가 된 건 광고의 내용이었습니다. 시리즈로 제작된 광고 중 하나에서는 유튜버가 된 아들이 성공해서 그랜저를 타고 고향 집에 내려가는 장면이 나옵니다. 그

출처: 현대자동차 홈페이지

출처: 유튜브

런데 문제가 된 건, 제대로 취직도 못 하는 아들을 못마땅해 하던 어머니가 아들이 그랜저를 타고 오자 태도가 돌변해 덩실덩실 춤을 추었다는 겁니다. 이 장면 역시 많은 사람의 비판을 받았습니다. 이 시대의 어머니를 물질주의에 빠진 존재로 묘사한 것처럼 비칠 수 있으니까요.

여기에도 광고를 만든 사람들의 의도가 담겨 있을 것입니다. 하지만 저로선 아무리 이해해보려 해도 잘 이해가 가지 않습니다. 아들보다 차를 더 사랑하는 어머니의 모습을 그려낸 그 장면은 불쾌하기까지 했습니다.

사실 제가 광고를 이해하느냐 못 하느냐는 중요하지 않습니다. 중요한 건 '질문'입니다. 미디어에 나오는 광고와 방송 콘텐츠를 이런 식으로 하나하나 분석하면서 질문을 던지고 스스로 답을 찾아보는 과정은 마케터로서 성장하는 데 큰 도움이 됩니다. 나라면 어떻게 만들었을까, 나라면 어떻게 접근했을까를 생각해보면 자신만의 답을 발견할 수 있을 겁니다.

질문이
두려운 사람들

우리나라 사람들에게 질문은 어려운 일입니다. 질문해본 경험이 적기 때문입니다. 서로 묻고 답하기보다는 일방적으로 전달받고 수용해야 했던 경험이 많습니다. 돌아보면, 질문이 허용되던 시기는 고작 유치원 때까지가 아니었나 싶습니다. 초등학교 입학과 함께 학교 교육과정이 시작되면 질문보다는 암기가 우선시됐죠.

대학 졸업 후 직장에 들어가서도 마찬가지입니다. 질문하기보다는 윗사람의 지시에 잘 따라야 하고, 그래야만 인정받는 사회입니다. 질문은 자칫 도전이나 항명으로 받아들여집니다. 때로는 나의 무지를 드러내는 일이기도 하죠.

질문에 용기가 필요한 이유입니다.

질문하지 못하는 우리나라 사람들의 모습을 보여준 단적인 예가 있습니다. 아마 여러 매체에서 다룬 내용이라 아시는 분도 많을 거예요. 2010년, 오바마 전 미국 대통령이 G20 서울정상회담 폐회식에서 연설 말미에 한국 기자들에게 질문할 기회를 주었습니다. 하지만 놀랍게도 손을 드는 기자가 단 한 사람도 없었습니다. 시간이 지나도 나서는 사람이 없자, 중국인 기자가 자신이 질문하겠다고 나섰습니다. 오바마 대통령은 다시 한번 한국 기자들에게 질문 기회를 주겠다고 이야기했습니다. 하지만 이번에도 역시 다들 침묵을 지켰고 결국 다른 나라 기자들에게 기회가 돌아갔습니다.

한국 기자들이 그랬던 이유는 그 자리에서 오바마 전 대통령이 질문을 받을 거라 생각하지 못해서라는 얘기도 있습니다. 사전 준비가 안 됐다는 거죠. 하지만 질문을 미리 준비하기란 쉽지 않습니다. 더욱이 기자란 준비된 질문만 하는 사람이 아닙니다. 질의응답 시간이 예정돼 있든 아니든, 머릿속에서 계속 질문을 던져야 하는 사람이죠. 다른 나라 기자들은 서로 질문하겠다고 나서는데 단체로 꿀 먹은 벙어리가 됐던 우리나라 기자들, 그 장면을 보면서 얼굴이 화끈거렸다는 사람이 많습니다.

질문할 줄 모른다는 게 비단 10년 전 그 자리에 있었던 기자들만의 문제는 아닙니다. 우리 일상은 예상치 못한 질문의 기회들로 채워져 있습니다. 직장 면접에서 어떤 질문을 받을지, 소개팅에서 상대방이 어떤 질문을 할지 예측할 수 있는 사람은 없습니다. 질문에 답하고, 자신도 질문할 준비를 늘 하고 있어야 한다는 뜻입니다. 특히 마케터는 기자 못지않게 질문이 일상이어야 하는 사람이죠.

저건 왜 팔리는 걸까?

이건 왜 안 팔리는 걸까?

이건 돈을 이렇게나 많이 썼는데 왜 유행이 되지 않을까?

저건 나왔을 당시에는 전혀 주목받지 못했는데 왜 갑자기 지금 유행이 될까?

어떤 일을 잘하기 위해서는 어떻게와 왜를 고민하는 연습이 필요하고, 그 물음들이 우리를 더 나은 곳으로 이끌어 줄 겁니다.

바닥 끝까지
가봤어?

프리워커를 위한 브랜드 모베러웍스 MO BETTER WORKS 는 의류와 액세서리, 문구류 등을 제작해 판매합니다. 모베러웍스가 만든 티셔츠 중 하나에는 'Deep Diver'라는 문구가 큼지막하게 쓰여 있습니다. 이 문구는 티셔츠를 만든 디자이너가 자신의 상사에게 들었던 이야기를 모티브로 한 거라고 하는데요. 하루는 상사가 이런 이야기를 했다고 합니다.

"일을 할 때는 물속에 잠수해서 바닥에 떨어져 있는 동전을 주워 온다고 생각하고 해야 돼. 너 그 동전 주워 온 거야, 지금?"

수영장이나 바다에서 다이빙을 할 때, 깊지 않은 곳에서 돌아 나올 수도 있고 맨 밑바닥까지 가볼 수도 있습니다. 일을 할 때도 마찬가지입니다. 누구나 '일을 한다'고 이야기 하지만 정말 깊은 곳까지, 자신이 맡은 일의 끝까지 파고드는 사람은 많지 않습니다. 내가 생각했던 대로 고객이 반응하지 않고, 파트너가 협조하지 않고, 시장이 움직이지 않을 수 있습니다. 그러면 조금 더 파고들어야 합니다. 왜 내가 생각한 대로 되지 않는지, 고객과 파트너가 원하는 건 무엇인지 더 깊게 질문하고 고민해야 합니다. 그러다 보면 어느 순간 내가 원하는 결과를 얻게 됩니다. 바로, 동전을 줍는 순간인 거죠.

〈백종원의 골목식당〉에 원주 미로시장에서 돈가스집을 운영하는 두 청년이 출연한 적이 있습니다. 이날은 백종원이 아니라 골목식당 선배 출연자가 멘토로 함께했습니다. '연돈'이라는 돈가스집 사장님인데, 연돈은 방송을 통해 유명세를 탔죠. 이 집 돈가스를 먹으려면 새벽부터 줄을 서야 할 정도입니다. 연돈 사장님이 원주 청년들이 만든 돈가스를 맛보고 한마디 건넵니다.

"이 돈가스는 안 파셨으면 좋겠습니다."

돈가스가 너무 질기고 맛이 없었던 거죠. 연돈 사장님은 직접 고기를 사 와 힘줄을 제거한 뒤 두들겨서 부드럽게 만드는데, 원주의 청년 사장님들은 유통업자에게 받아 온 고기를 그대로 썼기 때문입니다. 청년 사장님들에게 연돈 사장님은 자신이 돈가스를 만드는 고되고 힘든 과정을 보여 줍니다. 그리고 뼈 있는 한마디를 건넵니다.

"내 몸이 힘들어야 고객의 입이 즐거워집니다."

요식업뿐 아니라 고객을 상대하는 모든 업종의 사람들이 한 번쯤 곰곰이 생각해봐야 할 문장입니다. 내 고민의 깊이는 고객이 먼저 알아챕니다. 대부분의 잘못된 마케팅은 고객이 원하는 것이 무엇인지 충분히 고민하지 않았을 때 생깁니다. 그러니 두려움에 지지 말고, 충분히 고민하고 열심히 질문하기 바랍니다. 다이버로 치자면 물속 맨 밑바닥까지 내려갔다 와야 한다는 이야기입니다.

기업이 운영하는 SNS 채널에 글 하나를 올릴 때도 이 글을 보는 고객에게 어떤 반응이나 행동을 유발할 것인지를 미리 생각해야 합니다. SNS 글을 본 고객이 우리 제품을 구매하기 위해 홈페이지까지 방문하길 원한다면, 구매 링크를 보기 좋고 깔끔하게 소개해야 합니다. 얼마나 많은 사람이 그 구매 링크를 눌렀는지 확인하기 위해 구매 버튼에 추적이 가능한 코드를 심거나 추적 가능한 링크를 사용하는 것도 방법이죠.

고객이 우리 홈페이지로 넘어왔다면 제품을 구매하기 전에 궁금해할 만한 제품 상세 내용이나 스펙, 사용 후기 등을 빠짐없이 마련해둬야 합니다. 그리고 결제를 할 때도 불편함이 없도록 모든 결제 제휴 수단(신용카드, 계좌이체, 네이버페이 등)을 연동해둬야 합니다.

SNS 글을 읽기 시작해서 우리 제품의 구매 버튼을 누르고 결제하는 순간까지, 고객이 원하는 것이 무엇인지 자신에게 먼저 질문해보고 매 단계에 필요한 장치들을 마련하는 작업이 필요합니다.

바닥까지 다녀오는 일은 매우 어렵습니다. 숨이 차오르고, 내가 할 수 있는 일인지 의심도 듭니다. 지금까지 해본 적이 없어서 도저히 할 수 없을 것만 같은 생각이 듭니다.

모두 퇴근한 사무실에 홀로 남아 밀린 일을 처리할 때는 업무의 중압감에 눌려 힘들었던 적도 있었습니다. 일의 양뿐만이 아니라 한 번도 해보지 않았던 일을 해내야 하는 상황이 되면, 등에는 식은땀이 흐르고 도저히 못 할 것 같다는 부정적인 생각에 사로잡히기도 했습니다. 특히 대형 프로젝트를 몇 개월에 걸쳐 진행해야 한다든가, 중요한 보고서를 작성해야 한다든가 할 때 그랬습니다.

하지만 사실 달리 방법이 없지요. 해야 할 일들을 차근차근 정리하고 한 단계씩 밟아나가야 합니다. 필요하면 도움도 요청해야 합니다. 힘들고 고되지만 기어코 바닥까지 내려가서 동전을 주워 오는 경험을 하는 순간, 문득 깨닫게 됩니다. 바닥이 안 보이도록 새카맣던 바다가, 어느덧 형형색색의 물고기와 산호가 있는 에메랄드빛으로 바뀌어 있다는 것을요. 내가 모르던 세계가 아는 세계로 변한 것이죠.

일곱 가지를 묻자

우리는 일을 받으면 바로 시작하려는 습성이 있습니다. 그런데 해야 할 일을 앞두고 바로 시작하기보다는 내가 받은 일에 대해 질문해보는 게 좋습니다. 본질을 벗어난, 잘못된 방향으로 일을 하기 시작하면 잘못된 결과물을 내놓을 확률이 높기 때문입니다.

'누가, 언제, 어디서, 무엇을, 어떻게, 왜'의 육하원칙에 더해 '비용'까지 총 일곱 가지 질문을 스스로에게 던지면 올바른 방향으로 일을 처리할 확률이 높아집니다.

예를 들어 마케팅 관련 보고서를 만들어달라는 요청이나 지시를 받았다고 해봅시다.

누가 보는 건가요?

실무자들이 보는 기획서인지, 임원 보고용인지, 임원이 대표이사나 그룹 회장에게 보고하는 자료인지에 따라 폰트 크기, 장표의 구성과 분량 등이 달라질 수 있습니다(실제로 사내에서 통용되는 폰트 크기보다 2포인트 크게 작성하라는 상사도 있었고, 출력해서 보고할 때는 스테이플러 심을 반드시 사선으로 찍어야 한다는 상사도 있었습니다).

언제 검토하실 예정인가요?

언제 검토할 예정인지에 따라 시간을 역산하여 '초안 작성 → 피드백 → 최종본 작성'의 일정을 정해야 합니다. 그리고 상대에게는 내가 예상하는 것보다 조금 늦은 일정을 알려주는 것이 좋습니다. 예상하는 일정으로 진행하다가 의외의 변수 탓에 늦어질 수도 있기 때문이죠. 반대로 나는 상대에게 알려준 일정보다 조금 빠르게 회신을 주는 것이 작업을 원활히 진행하는 데 도움이 됩니다.

어디서 (혹은 어떤 기기로) **보시나요?**

보고서가 큰 스크린에 띄우는 발표용인지, 이동 중에 스마트폰으로 빠르게 검토하는 용도인지, 문서로 출력해서 보는 용도인지를 확인해야 합니다.

무엇을 **말해야 할까요?**

요청이나 지시를 할 때 보통 이 내용은 가장 기본적으로 전달됩니다. 하지만 그럼에도 요청한 당사자에게 보고서를 통해 알고 싶은 내용과 범위를 다시 한번 확인하는 것이 좋습니다.

어떻게 **전달하면 될까요?**

보고서를 어떤 방식으로 상대에게 전달하느냐, 어떻게 활용하느냐에 따라 구체적인 작업 양식도 달라져야 합니다. 자세한 내용을 발표 형태로 여러 사람에게 전달한다면 파워포인트로 작업하는 것이 적합하고, 빠르게 현황을 보고하거나 공유하는 보고서는 워드나 엑셀로 작업하는 것이 낫습니다. 모바일 기기에서 보기 좋게 하려면 파워포인트나 워드 등으로 작업한 문서를 PDF 형태로 변환하여 전달합니다.

왜 필요한가요?

어떤 목적으로 쓰이는지를 알아야 내용을 정할 수 있습니다. 단순히 정보와 현황을 보고하면 되는지, 제안을 담아야 하는지 등을 확인해야 합니다.

비용 은 얼마나 되나요?

보고서에 담길 내용과 관련 예산을 파악해야 합니다. 그래야 뜬구름 잡는 얘기가 아니라 현실성 있는 보고를 할 수 있습니다.

일을 시작하기 전에 이런 질문을 하면 방향을 잡는데 큰 도움이 됩니다. 질문을 통해 상대의 요청 사항을 조금 더 구체적으로 정의할 수 있지요. 요청을 구체적으로 정의하는 것은 서로의 기대 수준을 알게 된다는 의미입니다. 모든 일은 여기서 시작되어야 합니다.

어떻게 팔지?
vs 왜 사야 하지?

우리는 '좋은 답'을 만들어내려고 기를 씁니다. 어떻게 하면 경쟁사보다 좋은 마케팅, 경쟁사보다 효율 좋은 광고를 만들지 고민합니다. 그러다 보면 과정이 아닌 결과에 집중하게 되죠. 더 많은 사람에게 우리 제품을 보여주고, 호감을 갖게 하고, 사고 싶게 만들고자 합니다.

하지만 일이 늘 술술 풀리는 건 아니죠. '좋은 답'보다는 '좋은 질문'을 고민해야 합니다. 그것이 새로운 아이디어를 만드는 열쇠이기 때문입니다.

팔고 싶은 제품이 있을 때 마케터는 자신에게 이렇게 질문합니다.

'어떻게 팔아야 하지?'

누군가에게 판다는 것은 누군가가 산다는 의미입니다. 하지만 사람들은 마케터가 제시하는 제품을 사기 위해 준비하고 있지 않습니다. 오히려 그 반대입니다. 그 제품을 왜 사야 하는지 따져 묻죠.

무언가를 판다는 건 늘 어려운 일입니다. 그런데 사람들이 따져 묻는 그 과정에서 '좋은 질문'의 힌트를 얻을 수 있습니다. '왜 사야 하느냐'라는 질문 말입니다.

'내가 어떻게 팔아야 하지?'가 아니라 '소비자가 이걸 왜 사야 하지?'라는 질문을 먼저 해야 합니다. 물론 쉽지 않지만, 이 질문에 대한 답을 구하기만 한다면 마케터는 팔 수 있습니다.

'어떻게 팔아야 하지?'와 '이걸 왜 사야 하지?'는 비슷한 듯 보이지만 180도 다른 질문입니다. 주체가 다르기 때문입니다. '어떻게 팔아야 하지?'의 주어는 나(마케터)이지만 '이걸 왜 사야 하지?'의 주어는 사람들(고객)입니다. 접근과 관점이 달라지기에 답이 달라집니다.

꾸까는 플라워 쇼핑몰입니다. 꽃을 정기적으로 배송해주거나 온라인으로 주문받아 배송해줍니다. 꾸까의 광고 채널 중 하나는 이메일입니다. 이메일을 통해 자신들이 판매하는 꽃을 홍보합니다. 꾸까의 마케팅에서는 단순히 '팔기 위해서'가 아니라 고객들이 꽃을 사야 하는 이유를 제시해줍니다. 저 역시 꾸까의 덕을 본 경험이 있습니다.

아내와 연애할 때의 이야기입니다. 첫 번째 맞이하는 화이트데이에 어떤 선물을 할까 고민하고 있었는데 일이 너무 많아 선물을 준비할 시간이 부족했습니다. 그렇게 정신을 놓고 있는 사이에 화이트데이가 코앞까지 다가왔습니다. 어떤 선물을 해줘야 할지 고민하던 중 메일 하나가 눈에 띄었습니다.

'(광고)강혁진 고객님, 화이트데이 준비하셨나요?'

제 속마음을 콕 집은 그 메일 제목을 보고 깜짝 놀랐습니다. 그 메일이 광고인지 아닌지는 중요하지 않았습니다. 중요한 것은 내가 꽃을 사야 하는 이유, '화이트데이 선물 준비'를 제시해주고 있다는 것이었습니다. 저는 메일을 열어 꽃과 선물이 포함된 상품을 선택해 다행히도 화이트데이를

잘 보낼 수 있었(고 결혼도 무사히 할 수 있었)습니다.

대부분의 경우, 마케터가 원하는 좋은 답은 결국 고객이 할 법한 답에서 나옵니다. 좋은 질문 역시 고객이 할 법한 질문에서 나오죠. '어떻게 팔지?'라는 질문보다 '왜 사야 하지?' 같은, 고객이 할 법한 질문을 마케터 스스로가 끊임없이 던지는 게 중요한 이유입니다.

프로 불편러가 되자

마케터는 새로운 일을 기획하고 만들거나 새로운 상품 또는 서비스를 기획하는 일들을 합니다. 이럴 때 많이 듣는 말이 있죠.

"그거? 나도 해봤는데 안 돼."

"아, 이건 원래 이래."

그런 말을 듣거든 속으로 이렇게 생각하기 바랍니다.

'진짜 그래요?'

백조가 호수에 우아하게 떠 있을 때, 실은 수면 아래에서 발을 열심히 놀린다고 하죠. 겉으로는 멋있어 보이지만 그 멋진 모습을 유지하기 위해 실제로는 남다른 노력이 필요하다는 의미로 사용됩니다. 그런데 저는 늘 궁금했습니다.

'백조가 정말 그럴까?'

조카와 함께 온 가족이 놀이공원을 찾은 적이 있습니다. 한쪽에는 동물원이 있었는데 거기서 우연히 백조를 발견했습니다. 문득 그 궁금증이 떠올랐습니다. '백조는 정말 물에 떠 있을 때도 발을 열심히 움직이고 있을까?'

오랫동안 간직해왔던 질문을 해결하기 위해 한달음에 백조 곁으로 다가갔습니다. 그리고 제 눈으로 똑똑히 확인했습니다. 물 위에 유유히 떠 있는 백조는 두 발을 아주 여유롭게, 천천히 움직이고 있었습니다. 방향을 바꾸거나 앞으로 나아갈 때만 한 번씩 물을 차낼 뿐이었습니다. 가만히 떠 있는 데에는 발의 도움이 거의 필요 없어 보였습니다.

발을 열심히 움직인다는 이야기를 의심하긴 했지만, 건방져 보일 정도로 천천히 움직이는 백조의 발을 보니 배신감이 들기도 했습니다. 제 머릿속에 평생의 고정관념처럼 자리 잡고 있던 이야기가 산산조각 나던 그 순간, 어린아이처럼 신나하며 백조의 모습을 스마트폰에 녹화해두었습니다.

이제부터는 누군가가 '백조처럼 우아하게 떠 있으려면

열심히 발을 움직여야 한다'라고 말하거든, 저를 믿고 자신 있게 아니라고 이야기하세요.

백조의 발을 스마트폰으로 찍으면서 저는 일종의 희열을 느꼈습니다. 오랜 시간 품어왔던 고정관념에 대한 의심이 정당했다는 걸 스스로 확인했기 때문입니다. 사실 저만 그랬던 게 아닙니다. 네이버에서 '백조의 발'을 검색하면 저처럼 질문을 던지고 영상을 찍어 올린 사람들이 꽤 있습니다. 저와 같은 질문을 하는 사람들이 많다는 걸 발견했을 때도 묘한 희열감을 느꼈습니다. '아, 나만 유별난 또라이가 아니구나'라는 생각도 들었고요.

비단 백조의 발에 얽힌 이야기만이 아닙니다. 마케터의 일에는 이렇듯 당연하다고 여겨지는 과거의 생각들에 질문을 던져야 하는 경우가 많습니다. 왜냐하면 그때와 지금은 다르기 때문입니다. 마케터를 둘러싼 환경은 하루가 멀다고 바뀝니다. 과거에는 불가능했던 많은 일이 모바일 환경의 발달, AI의 등장, 사람들의 인식 변화로 가능해졌습니다.

퇴사 후, 예전에 함께 일하던 제휴사 담당자와 통화할 일이 있었습니다. 다른 일로 전화를 했다가 제 안부를 물으며 이런 이야기를 하더군요.

"과장님, 그때 되게 유명했던 거 아시죠?" 쑥스럽기도 하고 감사하기도 한 이야기였습니다. 그분은 이렇게 덧붙였습니다. "일하면서 답답한 상황에 화내는 사람은 과장님밖에 없었어요."

네, 사실 저는 프로 불편러였습니다.

일하면서 듣기 싫었던 말 몇 가지가 있습니다. '이건 원래 이래', '이건 해봤는데 안 돼' 부류가 그렇습니다. 안 되는 이유가 무엇인지, 해보기 위해 어떤 노력을 했는지가 곁들여지지 않으면 더더욱 이해할 수 없었습니다. 그래서 그런 상황들에 답답함을 느끼고 화를 많이 냈죠. 안 되는 이유가 무엇이었는지 묻거나 직접 찾았습니다. 그리고 어떻게 하면 될지 고민하고 방법을 만들기 위해 노력했습니다.

마케터가 하는 일의 대부분 영역에서 '이거 잘 안 돼'는 사실 '이거 하기 힘들어'와 같다고 생각합니다. 이유는 뻔합니다. 시간이 걸리거나, 돈이 많이 들거나, 많은 인력이 필요하다는 거죠. 이런 이유들은 사실 '안 되는 이유'가 아니라 '해결해야 할 문제', '넘어야 할 허들'일 뿐입니다.

당연하다고 생각되는 오래된 명제도 틀릴 수 있습니다. 남의 말만 듣고 그러려니 하는 순간부터 마케터의 시야는 좁아집니다. '그거 내가 해봤는데 안 돼'라는 이야기를 받아들이는 순간 '해야 하는 일'을 하는 게 아니라 '할 수 있는 일'만 하게 됩니다. 그러니 마케터 여러분, 우리 프로 불편러가 됩시다.

"

'그거 해봤는데 안 돼'라는
말을 받아들이는 순간
'해야 하는 일'이 아니라
'할 수 있는 일'만 하게 됩니다.

"

가장 좋은 와인을
고르는 방법

유재석과 조세호가 MC로 출연해 시민들과 퀴즈를 푸는 〈유 퀴즈 온 더 블럭〉이라는 프로그램이 있습니다. 상암동을 찾은 두 MC가 우연히 나영석 PD를 만났습니다. 〈꽃보다 할배〉, 〈신서유기〉, 〈스페인 하숙〉 등을 히트시키며 40억의 연봉을 받았던 스타 PD 나영석에게 유재석이 물었습니다.

"PD를 꿈꾸는 사람들에게 어떤 말을 해주고 싶나요?"

나영석 PD가 답했습니다.

"자신이 하고 싶은 게 있으면 좋겠습니다."

이 대화를 보며 'PD'라는 단어를 '마케터'로 바꾸고 제가 이 질문을 받는다면 뭐라고 대답할까 생각해봤습니다.

"마케터를 꿈꾸는 사람들에게 어떤 말을 해주고 싶나요?"

그에 대한 저의 대답도 나영석 PD와 다르지 않았습니다.

"자신이 하고 싶은 게 있으면 좋겠습니다."

〈슈퍼스타K〉라는 프로그램이 유행한 적이 있습니다. 일반인들이 출연해 연예인 심사위원들 앞에서 노래 실력을 뽐내며 심사를 받습니다. 무수히 많은 사람이 가수가 되겠다는 꿈을 안고 도전했고, 무수히 많은 사람이 떨어졌습니다. 그중에 누군가는 관문을 차례로 통과하며 최종 결승 무대에 올랐고 전 국민이 아는 스타가 됐습니다. 그런데 당시만 해도 서바이벌 프로그램이나 생방송 투표를 통해 누군가를 1등으로 선정하는 방식의 프로그램이 많지 않았습니다. 그 때문인지 〈슈퍼스타K〉는 출연진뿐만 아니라 방송 자체가 하나의 포맷이 되고 유행이 됐습니다.

많은 사람이 방송을 즐길 때 저는 남들과는 조금 다른 감정으로 방송을 지켜봤습니다. 다름 아닌 시샘이었습니다.

'와, 어떻게 저렇게 재미있는 프로그램을 만들었지? 나중

에 나도 꼭 저렇게 재미있는 프로그램을 만들어봐야겠다.'

그 마음은 지금도 여전합니다. 제가 좋아하는 분야, 잘하고 싶은 분야에서 저보다 더 잘하고 제가 생각도 못 하는 방식으로 해내는 사람들을 보면 그렇게 샘이 납니다.

'와, 저 사람은 어떻게 저걸 해냈지?'

'와, 저 브랜드는 어떻게 저런 방식으로 마케팅을 하는 거지?'

그러면 그때부터는 다른 걸 생각할 겨를이 없습니다. 내가 좋아하고, 잘하고 싶은 분야에 대한 시샘인지라 마음이 조급해집니다.

'나는 뭘 어떻게 해야 할까?'

바로 여기가 마케터의 질문이 시작되는 지점이라고 생각합니다. 내가 좋아하고 열망하고 갈망하고 욕심내는 분야, 내 마음을 동하게 하는 바로 그 영역, 바로 그 지점에서 질문이 시작됩니다. 그런데 적지 않은 수의 사람들이 한 가지 난관에 부딪힙니다.

'난 뭘 좋아하는 거지?'

혹시 이런 질문을 받는다면 어떤 대답을 할 것 같은가

요? '아무거나'라고 대답하진 않을까요? 한때는 '아무거나'라는 이름의 안주가 유행하기도 했지요. 뭘 시킬지 고민인 사람들에게 아주 환영받은 해법이었습니다. 하지만 술안주조차 자신이 원하는 걸 고르지 못한다는 건 조금 슬프지 않은가요? "아무거나 주세요"가 아니라 "연탄불에 바삭하게 구운 먹태와 청양고추를 넣고 참기름을 살짝 뿌린 마요네즈 소스 주세요"라고 말하며 자기 취향이 있으면 더 재밌지 않을까요?

사실 내가 좋아하는 걸 찾기란 여간 힘든 일이 아닙니다. 한 모임에 갔다가 프랑스 유학을 다녀온 사람의 경험담을 들었습니다. 프랑스에 도착해 처음으로 레스토랑에 갔을 때 웨이터가 와인 리스트를 보여주면서 어떤 와인을 마실 건지 물어보더랍니다. 와인에 대한 경험이 없어서 어떤 와인이 좋냐고 되물었더니 웨이터가 이렇게 말하더랍니다.

"가장 좋은 와인은 자기 입맛에 맞는 와인입니다."

저도 그렇지만, 이 책을 읽고 있는 사람들 대부분이 자기 입맛에 맞는 와인이 어떤 건지 모를 겁니다. 내 입맛에 맞는 걸 모르는 게 비단 와인뿐일까요? 우리 삶에는 많은 선택의 순간이 있습니다. 그럴 때마다 우리는 '나에게 맞는 것'보다는 '남들이 많이 하는 것', '무난한 것'을 찾곤 했죠. 이제는 조금 달라야 합니다. 자신이 좋아하는 것이 무엇인지 찾고 자신의 입맛을 알고 자신만의 취향을 만들어가야 합니다.

좋아하는 걸 찾는 방법 중 하나는 다양한 자극에 노출되는 겁니다. 모든 사람에겐 마음속에 '결핍'이 있습니다. 외적인 상처뿐만 아니라 내적인 부족함이 존재합니다. 겉으로 드러나지는 않지만 반드시 충족시켜주어야 하죠. 자극을 통해 내 안의 결핍을 찾아내고 충족시켜가는 것이야말로 내가 좋아하는 것을 찾는 좋은 방법입니다.

영화나 드라마에 종종 나오는 장면이 있습니다. 교통사고가 난 환자가 병원으로 실려 옵니다. 다리가 아프다는 환자를 두고 의사가 여기저기 눌러보며 묻습니다.

"아파요?"

환자가 별 반응이 없으면 부위를 바꿔가며 계속 눌러보고 묻습니다.

"아파요?"

환자가 기겁을 하면서 "아! 아파요!"라고 외치면 그 근처를 다시 눌러봅니다. 세기를 달리해 누르면서 물어봅니다.

"통증의 크기가 1부터 10까지라고 하면 지금 몇 정도 되나요?"

그러곤 환자가 대답하는 통증의 크기와 부위를 고려해 치료를 시작하죠.

좋아하는 것을 찾는 방법도 이와 비슷합니다. 삶에 다양한 자극을 줘서 반응이 오는 곳부터 시작하는 겁니다. 어떤 경험은 나를 전혀 자극하지 못하기도 합니다. 하지만 어떤 경험은 나를 자극합니다. 1부터 10까지 중 나를 더 크게 자극하는 경험에서 시작하는 것이 좋습니다. 나를 더 크게 자극할수록 내가 빠져들고 좋아하게 될 가능성이 크기 때문입니다.

내가 좋아하고 빠져들 만큼의 자극을 가진 경험을 찾고자 할 때는 일상의 반복된 루틴을 벗어나는 것도 방법입니다. 퇴근 후, 주말 시간을 최대한 활용해 새로운 경험을 해보는 거죠. 직장이 강남이라면 평소에 잘 가지 못하는 종로나

여의도, 홍대 일대를 돌아다녀보고, 반대로 직장이 강북이라면 삼성동, 가로수길, 테헤란로를 나가보는 겁니다. 서울에 사는 사람이라면 주말에는 다른 도시로 떠나거나, 일주일에 한 번쯤은 평소 가지 않던 공간을 방문하는 것도 좋습니다. 매일 먹는 점심도 구내식당이나 회사 근처를 벗어나 조금 더 먼 곳에 있는 식당을 찾아보는 것도 좋겠죠. 작지만 일상에서 해볼 수 있는 다양한 시도가 삶에 새로운 바람을 불러일으킵니다.

그 속에서 어떤 경험은 내 마음을 움직일 정도로 자극적이진 않을 것입니다. 그런데 어떤 경험은 '와, 이거 재미있는데?'라는 생각과 함께 마음속 결핍을 충족시켜줄 겁니다. 결핍이 채워지는 경험은 지속할 수 있는 힘을 불러옵니다. 바로 거기입니다. 거기에서 시작하는 겁니다.

다시 의사 이야기로 돌아가 보겠습니다. 아픈 부위를 찾은 의사는 치료를 시작합니다. 상태가 심각하다면 수술을 하기도 하죠. 그 뒤에는 회복 기간을 거치고 재활치료와 물리치료를 병행합니다. 이 일련의 과정에는 시간이 필요합니다. 아픈 곳을 빨리 낫게 하려고 무리를 했다간 상처가 덧나거나 오히려 악화됩니다.

삶을 자극해 내가 좋아하는 걸 찾고 키워나가는 데에도 시간과 노력이 필요합니다. 지름길 같은 건 없습니다. 더 많은 시간을 쓰는 것, 좋아하는 일을 찾고 그걸 내 능력으로 키워나가는 방법은 사실 그게 전부입니다.

자, 어떤 것에 시간을 들이고 싶으세요?

나라면 살까?

월간서른은 매월 다른 연사를 모시다 보니 연사를 섭외하는 게 일입니다. 연사를 섭외하며 정해놓은 기준이 몇 가지 있습니다. 그중 하나가 '내가 이 사람의 이야기가 듣고 싶다'입니다. 아무리 인기가 많은 사람이라 해도 제가 듣고 싶지 않으면 연사로 서달라고 요청하지 않습니다. 반대로 사람들이 잘 모르는 사람이라 하더라도 그 사람의 이야기가 너무 듣고 싶다는 생각이 들면 직접 찾아뵙고 연사로 서주십사 부탁드립니다.

내가 생각하는 마케팅이 제대로 된 마케팅인지, 고객들을 설득할 수 있는 마케팅인지 확인하는 가장 좋은 방법 중

하나는 자신에게 질문해보는 겁니다.

'이런 상품이라면 내가 살 만한가?'

'이런 광고라면 내가 보고 관심을 가질까?'

'이런 이벤트라면 내가 참여하고 싶은가?'

자기 스스로도 확신이 서지 않고 설득되지 않는 마케팅이라면 다른 어떤 사람도 설득할 수 없지요. 나를 설득한 후 진행하는 마케팅에는 두 가지 장점이 있습니다. 먼저, 내가 좋아하면 내 주변 사람들도 좋아합니다. 보통 처한 상황과 고민하는 바가 비슷한 이들끼리 모이기 마련이죠. 월간서른에 참여하는 사람들도 그렇습니다. 대부분 30대로 구성된 월간서른 참석자들은 고민과 공감의 폭이 대체로 비슷합니다. 그러니 제가 하는 고민을 해결해주고 제 관심을 사로잡은 연사라면, 다른 30대의 고민이나 관심과도 연결된 연사일 가능성이 큽니다.

또 다른 장점은, 나다움이 만들어진다는 겁니다. 시야를 타인이 아닌 나에게 집중하면 비슷한 결과가 반복적으로 만들어집니다. 비슷한 결과들이 반복적으로 쌓이면 결국 '○○다움'이 만들어집니다.

자기 스스로도
확신이 서지 않고
설득되지 않는 마케팅이라면
다른 어떤 사람도
설득할 수 없습니다.

월간서른도 2년간 비슷한 결과들이 반복되면서 '월간서른다움'이 만들어지고 있습니다. 간혹 모객이 잘 되지 않는 연사가 오더라도, 시간이 지나 돌아보면 그 연사의 강연 역시 월간서른다움이라는 연속선상에 있음을 알게 됩니다. '○○다움'은 그 자체로 차별화의 시작점이 됩니다. 차별화야말로 마케팅의 가장 궁극적인 목표 아닐까요?

앞서 이야기한 고객의 관점에서 생각하라는 이야기와 반대되는 이야기라고 느껴질 수도 있을 겁니다. 고객의 관점에서 생각하고 질문해야 한다면서 '나라면 살까?'라는 질문을 하는 건 모순 아닌가 하고 말이죠. 그런데 여기서도 중요한 차이가 있습니다. 나를 소비자의 한 명으로 바라봐야 한다는 것입니다. 마케터의 관점이 아니라 나를 철저히 객관화하여 한 명의 고객, 한 명의 소비자 위치에 두어야 합니다.

마케터로서 고민될 때가 있습니다. 다양한 경험을 해야 하지만 거기에는 두 가지가 필요합니다. 시간과 돈입니다. 분명히 마케터로서 다양한 경험을 하고, 사람을 만나고, 여행을 해야 하지만 나에게 주어진 하루는 24시간뿐이고 나에게 주어진 월급도 정해져 있습니다. 무엇을 경험하고, 무엇을 소비하고, 누구를 만나고, 어디를 여행할지 선택을 해야 합니다.

바로 여기가 마케터에서 소비자로 뒤바뀌는 지점입니다. '마케터 강혁진이 아니라 소비자 강혁진이라면 어디에 시간과 돈을 쓰고 싶은가?'라는 고민을 해보는 겁니다.

마케팅을 할 때는 가장 먼저 자신에게 질문해보세요. 내가 만든 상품과 서비스에 내 돈과 시간을 쓸 수 있을지 말입니다.

이걸 지금 안 하면
무슨 일이 생겨?

회사생활을 하면서 마주했던 질문 중 가장 기억에 남는 것이 하나 있습니다. 함께 일했던 팀장님께 받은 질문입니다. 그날도 어느 때와 마찬가지로 제가 올린 문서에 팀장님의 결재가 필요했습니다. 사내 시스템에서 문서 작성을 마치고 팀장님 자리로 찾아가 결재를 요청했습니다. 그때 팀장님이 물으셨습니다.

"이걸 지금 안 하면 무슨 일이 생기나?"

저는 잠시 멍하니 서 있었습니다. 생전 처음 받아본 질문이었기 때문입니다.

얼핏 들으면 '그 팀장님 엄청 일하기 싫었나 보다'라고 생각할 수도 있습니다. 하지만 일하기 싫어하는 팀장님은 아니었습니다. 오히려 그 반대였습니다. 당시 저는 많은 일을 처리해야 했기에 당장 팀장님의 결재를 받아 한 가지 일을 마무리 지어놓고 다음 일을 시작해야겠다는 생각이었습니다. 하지만 팀장님에게는 저 같은 팀원이 몇 명이나 있습니다. 팀장님 입장에서 보자면 팀원들이 올리는 수많은 결재 문서 중에서 자신이 먼저 검토하고 의사결정을 해야 할 문서가 무엇인지 결정하는 기준이 명확했던 겁니다.

팀장 직위가 되면 하루에도 수십 건의 문서를 결재해야 합니다. 중요한 마케팅 기획안은 물론 팀원들의 휴가 서류를 비롯한 여러 가지 사소한 서류에도 결재를 해야 하죠. 그러다 보니 지금 당장 결정할 일이 무엇인지, 내가 결재해야 할 중요한 문서가 무엇인지 판단하는 일이 팀장님에게는 중요한 일이 됐을 겁니다.

해야 할 일이 많아질수록 다음 두 가지 질문을 기억해야 합니다.

'어떤 일을 먼저 해야 하는가?'

'어떤 일을 하지 않아야 하는가?'

학창 시절 시험 보는 상황을 떠올려보면 쉽습니다. 답을 모르는 문제를 풀 때 어떻게 하나요? 보통 찍습니다. 보기 중 가장 그럴싸한 항목을 찍는 겁니다. 이때 '어떤 보기가 제일 그럴싸한가?'라는 관점에서 보기들을 바라봅니다. 한 편으로는 '어떤 보기가 제일 그럴싸하지 않은가?'라는 관점에서 버려야 할 보기들을 선택하기도 합니다. 찍어서 맞힐 확률을 높이는 거죠.

'이걸 안 하면 무슨 일이 생겨?'는 매우 합리적인 질문입니다. 무언가를 '꼭 해야 한다'는 관점이 아니라 '안 해야 한다'는 관점에서 바라보게 해주기 때문이죠.

무엇이 꼭 해야 할 일이고 무엇이 안 해도 될 일인지는 사람마다 다를 수 있습니다. 그 기준을 다른 사람이 알려줄 수는 없습니다. 개개인이 추구하는 가치와 재미, 목표가 다르기 때문입니다.

자기 자신에게 솔직하게, 꾸준히 물어보길 권합니다. 눈앞의 그 일이 꼭 해야 하는 일인지 아닌지 말입니다. 어떤 일을 꼭 해야 하는지 아닌지를 스스로, 머릿속으로만 물어봐서는 알아차리기 어려울 수도 있습니다. 그럴 때는 안 해 보면 됩니다. 어떤 일을 안 했을 때 아무런 변화가 없고 삶에 지장도 없다면, 그건 하지 않아도 되는 일인 겁니다. 반대의 경우라도 너무 걱정할 필요 없습니다. 다시 시작하면 되니까요. 우리에게는 실수를 만회할 시간과 기회가 얼마든지 있습니다.

안물안궁?
안물난궁!

'안물안궁'은 '안 물어봤고 안 궁금하다'의 줄임말로 굳이 물어보지도 않은 이야기를 하는 사람에게 사용하는 신조어입니다. 요즘에는 안물안궁에 대해서는 이야기하지 않는 게 미덕이 됐습니다.

하지만 마케터는 '안물난궁'의 자세를 가져야 합니다. 안물난궁은 '안 물어봤지만 난 궁금하다'의 줄임말입니다. 꼭 누군가가 물어보고 궁금하다고 해야만 대답할 게 아니라, 내가 스스로 궁금한 점이 생기면 자신에게 질문하고 답하는 연습을 해야 한다는 의미입니다.

마케터인 제가 궁금해하는 건 여러 가지가 있는데, 그중 하나가 '저 회사는 왜 이런 마케팅을 했을까?'입니다. 그 회사가 마케팅을 하는 이유와 배경에 대해 고민해보는 거죠. 그리고 그 내용을 팟캐스트에서 이야기하거나 오디오클립에 올립니다. 때로는 페이스북에 올려 사람들과 의견을 나누기도 합니다. 제 머릿속(뇌) 이야기를 저만의 기준(오피셜)으로 이야기하는, 속칭 '뇌피셜' 분석을 해보는 겁니다. 페이스북 친구 중에도 마케터들이 많고 서로들 댓글로 남기고 나누는 것을 좋아하는 편이다 보니 활발하게 이런 이야기를 나누기도 하죠. 예를 들면 이런 겁니다.

2019년 10월, 배달의민족 앱에서 자신이 지금까지 배달의민족을 통해 주문한 금액의 총액을 조회할 수 있는 기능을 제공했습니다. 주문한 내역이 보이거나, 자신의 주문 금액을 SNS로 연동하는 기능이 있거나, 주문 금액을 기준으로 레벨을 매기는 기능이 있는 것도 아니었습니다. 단순히 주문 금액만 보이는 거죠.

저는 배달의민족이 이 메뉴를 왜 만든 건지 궁금해졌습니다. 그래서 다음과 같은 단계를 거쳐 생각을 발전시켜나갔습니다.

1   자신의 총 주문 금액 조회 화면을 캡처해 페이스북이나 인스타그램에 공유하는 사람들의 수가 늘어나면서 '총 주문 금액' 메뉴가 바이럴되기 시작함.

2   그런데 잘 생각해보면 내가 주문한 금액을 모두 합해서 보여주면 배달주문이 활성화되기보다는 '내가 이렇게나 많이 시켜 먹었네?'라는 생각과 함께 배달주문을 자제하게 될 것임.

3   만약 총 주문 금액 메뉴에 금액에 따른 레벨을 부여하거나 랭킹을 부여했다면 사용자나 친구들 사이에 경쟁심이 생겨 주문을 더 할 수도 있겠지만, 총 주문 금액을 확인하는 것 외에는 아무런 기능도 없음.

4   그렇다면 도대체 배달의민족은 왜 이 기능을 만들었을까?

5   주문 금액 조회 화면을 보기 위해서는 최신 버전의 배민 앱이 깔려 있어야 함. 또한 총 주문 금액을 확인할 수 있는 메뉴는 단 3일간만 운영됨.

6   업데이트된 최신 버전의 배민 앱에는 '뭐 먹지?'라는 비디오 탭이 신설됨.

7   종합해보면, 단 3일간 진행한 총 주문 금액 조회 기능은 배민 앱 내에 신설된 비디오탭을 배민 앱 사용자들이 단기간 내에 최대한 많이 체험해볼 수 있도록 하는 자연스러운 '넛지'의 역할을 한 게 아닐까?

8   '뭐 먹지 기능 추가! 지금 바로 앱을 업데이트해보세요' 같은 문구로 앱 업데이트를 유도하는 건 배달의민족 스타일이 아니잖아?

어디까지나 뇌피셜로 생각해본 가설과 질문들입니다. 물론 배달의민족으로부터 어떤 답변이나 의견도 받은 바 없습니다. 제가 생각한 내용과는 전혀 다른 목적과 의도로 만들어진 메뉴였을 수도 있겠죠.

중요한 건 다른 회사들의 마케팅 활동을 보면서 그 이면에 숨겨져 있는 의도와 목적을 고민하고 분석해보는 훈련

이 필요하다는 겁니다. 생각의 타래를 이어가는 것 자체가
의미 있는 작업이죠. 이게 바로 안물난궁의 자세입니다.

마케터는
'안물난궁'의 자세를
가져야 합니다.

매도와 매수,
나만 헷갈려?

같은 것을 보고도 다르게 해석해내는 사람들이 있습니다. 내가 한 번도 생각해보지 못한 관점으로 이야기하는 사람들 말입니다. 특히 마케팅에서는 잘 팔리는 기획의 비결을 분석해보면 새로운 관점으로 상품이나 서비스를 해석한 경우가 많습니다. 고객의 시선, 고객의 관점으로 현상을 바라볼 때 성공할 가능성이 더 커집니다.

저는 마케팅에는 여러모로 관심이 많지만 재테크에는 영 소질이 없습니다. 그런데 우연한 기회에 로보어드바이저라는 분야를 알게 됐습니다. '불리오'라는 로보어드바이저 서비스는 투자 성향에 따라 자동으로 매월 투자해야 할

펀드를 추천해줍니다. 시키는 대로만 투자하면 일정 수준 이상의 수익을 기록할 수 있는 거죠. 저 같은 재테크 초보가 이용하기 편리한 서비스입니다.

매월 받는 투자 리포트를 보면 'A펀드를 매수하고 B펀드를 매도하라'라는 표현이 적혀 있습니다. 그런데 제가 재테크에 익숙하지도 않고 리포트는 한 달에 한 번 들여다보는 터라 '매수', '매도' 같은 단어가 매번 헷갈리는 겁니다. 검색을 해보니 '매수'는 새로운 금융 상품을 '사는 것'을 의미하고 '매도'는 내가 가지고 있는 금융 상품을 '파는 것'을 의미했습니다. '사기', '팔기'라는 쉬운 단어를 두고 왜 굳이 어려운 한자어를 사용하는 걸까요?

불리오 서비스를 만드는 사람들과 식사할 기회가 생겨 물어봤습니다.

"혹시 금융 쪽에서는 꼭 '매수', '매도'라는 단어를 써야 하나요?"

꼭 그런 건 아니라길래 다시 물었습니다.

"그냥 쉽게 '사기', '팔기'라고 쓰면 저처럼 재테크 초보들도 훨씬 이해하기 편하지 않을까요?"

불리오를 이용하는 많은 사람이 저처럼 한 달에 한 번만 금융 거래를 한다고 생각해보면 익숙한 단어를 쓰는 게 이해하기 쉬울 것 같았기 때문이죠. 좋은 아이디어라는 말을 듣고 헤어졌습니다.

인사치레로 하는 얘기인가 했는데 그렇지 않았습니다. 그 뒤로 불리오에서 보내주는 리포트에는 '매수', '매도'가 '사기'와 '팔기'로 바뀌었습니다. 그리고 더 많은 사람이 쉽고 편리하게 이 서비스를 이용하고 있습니다.

우리가 흔하게 접하는 많은 것들에 마케팅의 요소들이 들어가 있습니다. 그것을 어떻게 포착해낼지는 마케터의 몫이죠.

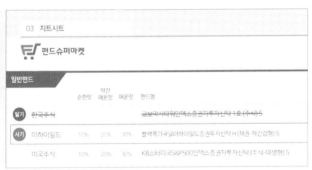

3장.

마케터의 ⎯⎯
⎯⎯ 관점

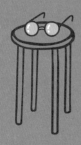

다양한 경험과 질문은 나만의 관점과 태도를 만들어줍니다. 일이나 사람을 대할 때 또는 힘든 일이 생겼을 때 대처할 관점과 태도를 만들어주죠. 한마디로, 관점은 어떤 경험을 했는가 그리고 어떤 질문을 했는가에 따라 달라집니다.

마케터에게 어떤 관점이 필요한지 답이 정해져 있지는 않습니다. 나의 관점은 내가 문제를 해결하는 방식입니다. 문제를 해결하는 방식은 하나만 있는 게 아닙니다. 여러 개가 있습니다. 안경 하나만 보더라도 시력에 따라 도수가 달라지고, 취향에 따라 디자인이 달라지는 것처럼 말이죠.

이 장에서는 제가 겪은 다양한 경험과 그때마다 가졌던 질문을 통해 만들어진 저만의 세 가지 관점을 소개하려 합니다. 저도 간혹 놓칠 때가 있지만, 이 세 가지 관점을 기준으로 일하려고 늘 노력합니다.

첫 번째는 상황을 360도로 바라보는 것입니다. 내가 처한 상황을 인지하고 나와 함께하는 파트너들이 누구인지를 360도로 관찰하는 겁니다.

두 번째는 일의 시나리오를 써보는 것입니다. 내가 계획하는 일들의 순서를 정해보는 거죠. 그리고 발생 가능한 일들을 예측해 대처 방안 들을 정리해봅니다. 항상 생각한 대로 되는 건 아니지만, 시나리오를 써보면 예상되는 상황에 따라 대책을 미리 준비할 수 있습니다.

마지막은 드론을 띄우듯이 나의 시선을 위아래로 옮겨보는 것입니다. 때로는 시선을 저 하늘 위로 높이 올려 전체를 관망하며 업무의 흐름 과 업무별 중요도를 파악합니다. 때로는 반대로 시선을 아주 낮게 옮 겨 가까이에서 내가 하는 일을 바라봅니다. 전체의 큰일을 진행하면 서 놓치거나 빠트린 디테일은 없는지 고민하는 겁니다.

이렇게 다양한 관점과 태도가 쌓여 지금의 내가 만들어집니다.

360도로
바라보자

스타크래프트라는 게임이 있죠. 블리자드라는 글로벌 회사에서 만든 게임으로 한때 엄청난 인기를 누렸습니다. 각자 종족을 선택하고 특정 지형(맵)에서 가지고 있는 무기와 전술로 상대방과 싸우는 게임입니다. 게이머들이 사용하는 전략은 다 다릅니다. 하지만 게임을 시작하면서 모든 게이머가 가장 먼저 하는 일이 있습니다. 바로 정찰입니다.

이번 판을 시작하는 지도는 어떻게 생겼는지, 내 적은 어디에 있는지, 자원은 어디에 있는지, 언덕은 어디에 있는지 등을 파악하기 위해 지도 위를 돌아다니는 겁니다. 정찰을 하기 전까지는 지도 대부분이 검은색으로 가려져 있습니다. 정찰을 다니면 지나온 부분이 활성화되죠. 지도의 모든 지역을 살펴봐야 제대로 된 게임을 할 수 있게 됩니다.

지도를 둘러보는 건 두 가지 의미가 있습니다. 정찰을 통해 상대가 어디 있는지, 주변엔 무엇이 있는지 등 나의 '외부'에 대해 알게 됩니다. 그리고 상대적인 위치를 비교해 나는 어떤 상태에 놓여 있는지 '내부'에 대해서도 알게 됩니다.

정찰을 할 때는 몇 가지 룰이 있습니다. 나를 둘러싼 모든 방향을 주시해야 합니다. 그리고 한 번 정찰을 했다고 해서 안심할 수 없습니다. 꾸준히 정찰하면서 적이 어디쯤 있는지, 어떤 무기를 만들고 있는지, 만약 여러 명이 함께 게임을 한다면 나와 같은 편은 어떻게 준비하고 있는지 알고 있어야 합니다.

마케터에게도 정찰이 필요합니다. 마케터는 늘 다양한 고객을 만나고 함께 일하므로, 일을 시작하기 전에 내 주변을 둘러싼 고객들이 누구인지 파악해야 합니다.

고객의 정의에는 여러 가지가 있지만, 크게 내부 고객과 외부 고객으로 나눌 수 있습니다. 내부 고객은 우리가 함께 일하는 사람들을 의미하며, 회사 내·외부의 파트너와 상사로 다시 나눌 수 있습니다. 외부 고객은 흔히 말하듯, 우리의 제품과 서비스를 구매하고 이용하는 사람들을 의미합니다.

내부 고객 - 파트너를 내 편으로 만들기

나와 함께 일하는 사람들을 이해시키고 이 과정을 통해 내 편으로 만들어야 합니다.

대학 졸업 직후 입사한 지 얼마 안 됐을 때 사내에 트위터 계정을 처음 만들게 됐습니다. 새 채널을 만들었으니 거기 올릴 콘텐츠가 필요했습니다. 콘텐츠를 가지고 있는 곳은 제휴마케팅 부서와 마케팅 부서 그리고 광고 담당 부서였습니다. 그런데 그 부서의 담당자들이 트위터에 올릴 콘텐츠를 통 주질 않는 겁니다. 당시 트위터는 많은 관심을 받고 있긴 했지만 아직 적은 수의 사람들만 사용하는 채널이었습니다. 광고 효과보다도 트위터에서 이벤트를 여는 것 자체에 의미를 두는 상황이었죠. 하지만 시간이 갈수록 트위터를 비롯해 다양한 소셜미디어를 통한 고객 커뮤니케이션이 확대될 거라는 건 누구나 알고 있었습니다.

그럼에도 다른 부서에서는 기존에 운영하고 있던 효과 좋은 회사의 내·외부 채널에서만 콘텐츠를 노출하고 있었습니다. 기존 업무만으로도 정신없이 바쁜 그 사람들 입장에서는 트위터를 운영하는 저희 팀에 콘텐츠를 공유해줘야 할 특별한 이유가 없었던 겁니다. 이런 식이라면 마케팅 부서의 담당자들 옆에 앉아서 새로운 콘텐츠가 나올 때마다 달라고 닦달을 해야 할 판이었습니다. 이대로는 안 되겠다 싶었습니다.

그들에게 트위터에 대한 이해도를 높이는 과정이 필요하겠다고 생각해 설명회를 열었습니다. 하루 날을 잡아 설명회를 열고 콘텐츠를 가지고 있는 부서의 선배들을 돌아가며 초대했습니다. 소셜미디어가 무엇인지, 그중에서도 트위터의 파급력이 얼마나 큰지, 앞으로 소셜미디어가 어떻게 성장할 것인지 등의 내용을 담은 발표 자료를 준비해 소개했습니다.

신입사원이 바쁜 선배들을 불러 설명을 하는 것 자체가 당돌하게 비치기도 했지만 그 자리를 통해 생소했던 소셜미디어와 트위터의 필요성에 대해 다른 부서 사람들도 조금 더 이해하게 됐습니다. 자연스럽게 콘텐츠도 공유해주게 됐고요. 고객 대상 콘서트를 열거나 뮤지컬 공연 제휴가 있을 때는 배우들에게 부탁해 회사 트위터 팔로워들을 대상으로 하는 인사 영상을 찍기도 했습니다.

나와 함께 일하는 사람들이 내 일을 이해하지 못하고 제때 협조하지 않아 어려울 때가 있습니다. 사람이 하는 많은 일 중 기본이 되는 것이 설명과 설득입니다. 내부 사람들을 이해하기 위해 노력하고, 이야기 나누고, 내 편으로 만들어야 합니다.

내부 고객 – 상대방의 언어 익히기

내부의 고객을 내 편을 만들기 위해서는 상대방의 언어로 이야기하는 것이 필요합니다.

마케터는 디자이너나 개발자와 일할 때가 많습니다. 디자이너와 개발자는 마케터가 머릿속에 그린 그림을 고객이 알아볼 수 있도록 그려주고 온라인에 보여주는 사람들이죠. 그런데 이렇게 함께 일하는 게 쉽지만은 않습니다. 여러 가지 이유가 있겠지만 그중 가장 큰 이유는 '언어가 달라서'입니다.

모두가 한국말을 한다고 해서 수월하게 소통이 되는 것은 아닙니다. 마케터, 디자이너, 개발자는 저마다 자신만의 영역에서 통용되는 언어를 사용할 뿐 아니라 사고방식도 다르기 때문입니다.

디자이너에게 디자인을 의뢰할 때는 모호한 표현을 사용하지 말아야 합니다. '좀 예쁘게 만들어주세요'에서 '예쁘게'에는 다양한 의미가 담겨 있습니다. 모던한 스타일, 화려한 스타일, 귀여운 스타일, 레트로(복고) 스타일 등 각기 다른 '예쁨'을 가지고 있죠. 이럴 때는 마케터가 생각하는 것과 가장 비슷한 색감과 느낌의 사진이나 영상을 함께 보여주는 것이 좋습니다. 자기가 생각하는 걸 대략 스케치라도 해 갈 수 있으면 더욱 좋겠죠.

개발자들과 일할 때도 개발 프로세스에 대해 최소한의 지식을 가지고 의뢰서를 상세히 쓰는 것이 좋습니다. 마케터들이 개발 분야의 지식이 부족한 것처럼, 개발자들 역시 마케팅에 대한 이해가 부족할 수밖에 없습니다. 게다가 마케터는 새로운 일을 기획하고 만들어내는 경우가 많습니다. 그렇다 보니 개발자에게 늘 새로운 사항을 요청하게 되죠. 마케터가 개발자들에게 자세하고 많은 정보를 주지 않으면 완전히 엉뚱한 결과가 나올 수 있습니다. 아니, 아예 일을 시작도 못 할 수 있죠.

사실 언어보다 중요한 것 중 하나가 태도입니다. 마케터는 여러 가지 이유로 디자이너와 개발자에게 충분한 작업 시간을 주지 못합니다.

온라인 채널을 담당하던 신입사원 시절, 외주 대행사 소속의 웹디자이너, 웹기획자들과 사무실 옆자리에서 일한 적이 있습니다. 늘 부탁해야 하는 입장이다 보니 마음 한쪽에 죄송한 마음이 있었습니다. 그래서 출근을 하면 팀장님보다 먼저 대행사 직원들에게 아침 인사를 했습니다. 처음에는 어색해하던 그들도 나중에는 반갑게 인사를 나누고 제 일을 더 잘 이해해주기 시작했습니다.

나중에 그분들과 친해져 술자리에서 들어보니 처음에는 자기들끼리 "저 친구는 왜 아침마다 우리한테 인사하는 거지?"라고 이야기했다고 합니다. 그러다가 한 번씩 제 인사가 늦으면 "오늘은 왜 인사하러 안 오지?"라며 기다렸답니다.

여기까지 읽다 보면 답답한 마음이 들 수도 있을 겁니다. '마케터가 이렇게까지 해야 하나?'라는 생각에서 말입니다. 하지만 단언컨대, 이렇게까지 해야 합니다.

마케터에는 광고회사에서 일하는 AE^{Account Executive}라는 직책도 있습니다. 자신이 담당하는 광고주의 광고 업무를 관리, 집행하는 역할을 하죠. 그런데 현실적으로 보면 AE가 해야 할 업무의 종류와 범위가 명확하게 정해져 있지 않습니다. 광고 일을 하다 보면 책임과 주체가 불명확한 일들이 워낙 많이 생겨납니다. 그런 일들이 대체로 AE에게 돌아가게 됩니다. 광고주의 모든 일을 담당해야 하니까요. 그래서 AE가 '아(A), 이(E)것도 제가 하나요?'의 약자라는 우스갯소리도 있습니다.

새로운 것을 만들고 기획할 때는 그만큼 생각지 못한 변수와 난관이 존재할 수밖에 없습니다. 그 과정을 유연하게 지나갈 수 있는 방법을 진지하게 고민해야 합니다.

외부 고객 - 원하는 가치에 집중하기

고객이 우리 상품이나 서비스로부터 얻고자 하는 궁극적인 가치가 무엇일까요?

엽기떡볶이라는 떡볶이 브랜드가 있습니다. 너무 맵긴 하지만 중독성이 있어서 자주 생각이 납니다.

우리가 엽기떡볶이의 마케터라고 가정해보죠. 경쟁해야 할 상대는 누구일까요? 죠스떡볶이나 신전떡볶이 같은 다른 프랜차이즈 떡볶이일까요? 아니면, 편의점 떡볶이나 포장마차에서 파는 동네 떡볶이일까요? 고객의 입장에서 생각해보면 조금 다르게 보일 겁니다.

엽기떡볶이의 경쟁 상대는 다른 떡볶이가 아니라 치킨이나 찜닭, 이와 유사한 야식 또는 저녁 식사용 음식일 가능성이 더 큽니다. 왜일까요? 엽기떡볶이는 배달로 시켜 먹는 사람이 많습니다. 양이 꽤 많아서 혼자 먹기보다는 여럿이 있을 때 시켜 먹습니다. 가격도 1만 원대 중반으로, 일반 떡볶이의 4~5배에 달합니다. 사이드 메뉴와 음료까지 시키면 2만 원이 훌쩍 넘어갑니다.

엽기떡볶이는 흔히 생각하는 떡볶이가 아니라 저녁에 배달시켜 먹는 1만 5,000원에서 2만 원대의 가격, 여럿이 함께 먹는 음식이라는 관점에서 치킨의 경쟁 상대가 되어 버린 겁니다.

당연히 엽기떡볶이의 마케터로서 해야 할 일도 달라집니다. 떡볶이라는 제품 중심의 사고에서 '배달', '여럿이 하는 식사'라는 고객 중심의 사고에서 바라봐야 합니다. 가족 식사를 고려한 세트 메뉴를 만든다든가, 어린아이가 있는 부부의 주문을 고려해 덜 매운 사이드 메뉴를 만든다든가. 광고를 한다면 야식을 시킬 만한 저녁 시간대를 활용해야 하죠.

마케터는 고객이 어떤 가치를 원하는지, 마케터가 의도하는 행동을 하도록 고객에게 어떤 가치를 제안해야 할지 고민해야 합니다. 그러기 위해서는 질문해야 합니다. '고객이 원하는 건 무엇일까?'라고 말이죠.

외부 고객 – 목소리에 귀 기울이기

마케터로서 일을 하다 보면 힘든 상황도 많이 겪게 됩니다. 그중에서도 '내가 이런 일까지 하려고 회사에 들어왔나?'라는 생각이 드는 순간들이 있습니다. 예를 들면 고객의 민원전화를 받는 일이 그렇습니다. 실제로 한 후배가 자신이 기획한 마케팅과 관련해 걸려온 고객의 민원전화를 받고 나서 "내가 이런 전화까지 받아야 해?"라고 하며 자괴감에 빠지는 것을 보기도 했죠.

우리가 만든 제품이나 서비스를 실제로 이용한 고객들이 불만 사항을 강하게 제기하면서 보상을 요구하거나 사과를 요구하는 경우도 있습니다. 물론 과도한 요구를 하는 고객을 만날 때는 퇴사 욕구가 불끈불끈 올라오기도 합니다(그런 민원전화를 직접 받아봤지요.). 하지만 대부분의 경우, 우리에게 불만을 제기하는 고객이 있다면 사실은 감사할 일입니다. 왜냐하면 마케터가 미처 고민하지 못했거나 알지 못했던 부분에 대한 피드백을 주는 것이기 때문입니다.

만약 마케터가 기획한 프로세스대로 모든 과정이 진행

되고, 우리가 원했던 만큼 고객들이 만족했다면 민원전화 같은 건 오지 않았을 겁니다. 하지만 우리가 예상하지 못했거나 의도했던 바와 다른 결과가 나왔을 때 민원전화가 걸려오죠. 그 전화를 감사히 여겨야 하는 이유는 마케터의 목표가 더 많이 팔고 더 많은 수익을 내는 것이 아니기 때문입니다. 매출과 수익은 마케터가 목표를 달성할 때 따라오는 부수적 성과입니다.

마케터의 목표는 고객에게 가치를 전달하고 고객을 만족시키는 것입니다. 만약 고객을 만족시키지 못하고 매출만 일어난다고 생각해보면 어떤가요? 이런 제품이나 서비스가 과연 오래갈 수 있을까요? 지속적으로 판매가 이루어지고 성장할 수 있을까요?

물론 수익이나 성과 없이 고객만 만족시켜서도 안 되겠죠. 매출과 이익은 기업이 유지되려면 꼭 필요한 요소니까요. 마케팅은 교환의 과정입니다. 고객은 바보가 아닙니다. 만족하지 않았는데 돈을 낼 리가 없습니다. 한두 번은 그럴 수 있습니다. 가치를 받은 것처럼 착각하고 마케터에게 돈을 지불할 수도 있죠. 하지만 거기까지입니다.

고객에게 가치를 전달하고, 그러면 고객이 그에 합당한 금액을 지불합니다. 가치와 금액의 균형이 맞아야 합니다. 여기서 중요한 건 고객에게 돈을 받는 게 먼저가 아니라 마케터가 고객에게 충분한 가치를 전달하는 것이 먼저여야 한다는 겁니다. 고객이 원하고, 필요로 하고, 꼭 돈을 낼 수밖에 없는 '가치'를 만들어내야 합니다. 가치를 통해 '만족'시켜야 합니다. 만족한 고객은 돈을 내지 않고는 못 배깁니다.

그러므로 굳이 자기 시간을 써가며 우리에게 불만을 전달하는 고객들을 주시해야 합니다. 그들이 무엇이 불편하다고 이야기하는지, 무엇이 잘못됐다고 이야기하는지, 무엇이 필요하다고 이야기하는지 들어봐야 한다는 것이죠.

시나리오를
써보자

진행하는 일의 총괄 책임을 맡았다면 일의 시작과 끝을 생각해봐야 합니다. 그 과정상의 단계별로 어떤 일들이 일어날지 예상하고, 그때 필요한 장치들을 마련해야 합니다. 마케팅은 한순간에 일어나는 이벤트가 아니라 가치를 만들고 관리하는 과정이기 때문입니다.

칸 영화제를 넘어 오스카까지 석권한 영화감독 봉준호의 별명은 '봉테일'입니다. 봉준호 감독은 영화를 촬영하기 전에 시나리오를 씁니다. 다양한 장면의 순서를 정하고 극중에서 배우가 해야 할 행동과 대사를 정해놓습니다. 그것도 모자라 장면이 촬영되는 구도와 신을 생각하며 세밀하게 스케치까지 해둡니다. 봉준호 감독의 영화는 그가 미리 준비해둔 구도대로 촬영이 진행된다고 합니다. 모든 장면에 대한 구도와 신이 준비되어 있으니 배우와 제작진은 봉준호 감독의 시나리오를 따라가기만 하면 됩니다. 제작진과 배우들이 따라갈 '과정'을 감독이 아주 잘 만들어놓은 것이죠.

가치교환의 '과정' 만들기

마케팅을 정의하는 문장은 다양합니다. 저는 그중에서도 '마케팅은 가치 교환의 과정'이라는 정의에 가장 동의합니다. 고객의 입장에서 필요한 가치를 만들어내는 일이라는 거죠.

그리고 마케터가 만든 가치는 고객이 가지고 있는 가치와 교환되어야 합니다. 마케터가 만들고 제공하는 가치는 고객이 전달하는 가치와 동등하게 교환돼야 합니다. 마케터가 고객에게 전달하는 가치에는 유형의 제품만 있는 것이 아니라 무형의 가치도 있습니다. 마찬가지로 고객 역시 마케터에게 주는 가치가 꼭 돈뿐만은 아닙니다. 페이스북이나 인스타그램에 '좋아요'를 누르거나 댓글을 달고, 시간을 내 매장을 방문하고. 주변에 입소문을 내고, 이벤트에 참여해 개인정보를 적기도 합니다.

마케터와 고객 간의 가치 교환은 이렇듯 복잡하게 이루어집니다. 마케팅의 마지막을 완성하는 것이 바로 과정입니다. 대박을 터트린 유튜브 광고를 한 편 만들었다고 해서, 사람들이 좋아하는 제품을 한 번 만들었다고 해서 좋은 마케터가 되는 것은 아닙니다. 한 번의 대박으로 성공하는 회사는 없기 때문입니다.

좋은 마케터는 고객과 기업이 가치를 반복적으로 교환할 수 있는 과정을 만들 줄 아는 사람입니다. 사람들이 좋아하는 가치가 무엇인지 원리를 깨닫고, 반복해서 크고 작은 가치 교환의 과정을 만드는 마케터가 진짜 좋은 마케터인 거죠.

과정을 만들어내기 위해서는 고객이 가진 가치는 무엇이고 우리가 줄 수 있는 것은 무엇인지, 그리고 어떤 방식으로 그 가치들을 교환해야 하는지를 알아야 합니다.

마케팅을 제품이 다 만들어지고 나서 하는 일이라고 생각하는 사람도 있습니다. 많이 알리거나, 많이 팔기 위해서 필요한 행동이라고 말입니다. 유튜브 섬네일에 자극적인 문구를 넣고, 페이스북에서 사람들이 우리 광고를 한 번이라도 더 클릭하도록 고민하고, 신문 기사 하나 더 내려고 노력하고, 오프라인 행사를 통해 사람들을 모으는 일을 마케팅의 전부라고 생각하기도 합니다.

하지만 마케팅의 범주는 그보다 훨씬 넓습니다. 앞서 이야기한 것처럼 마케팅은 '과정' 그 자체이기 때문입니다. 만들어진 제품을 판매하기보다는 고객들이 어떤 가치를 원하는지 고민하고 그 가치가 반영된 제품을 만드는 것도 마케팅의 일부입니다.

그렇게 만든 제품을 어떤 유통 채널에 입점시키는 것이 바람직할지 고민할 때도 마케팅적 사고가 필요합니다. 유통 채널을 고민할 때는 채널별 비용 구조와 효과를 고려해야 합니다. 그러려면 우리의 고객이 어떤 유통 채널을 선호하는지 알고 있어야 하죠. 판매 접점에서의 고객을 이해하고, 판매 이후 고객서비스 관점에서도 마케팅적으로 접근해야 더 오래 우리의 고객으로 함께할 수 있습니다.

■ 마케터가 참여해야 하는 순환고리

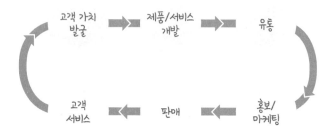

순환고리가 끊어지지 않도록 모든 과정의 처음과 끝을 마케팅적 관점으로 바라보고 고민해야 합니다.

시나리오가 필요하다

마케터가 만든 가치가 고객에게 전달되기까지는 수많은 과정이 필요합니다. 사무실에 앉아서 생각하는 그 과정대로 고객에게 전달되는 경우는 거의 없습니다. 그럼에도 가설을 세우고 철저히 기획하고 계획하는 작업은 중요합니다. 내가 고민하는 마케팅의 과정이 무엇인지 알고, 단계별로 해야 할 일들에 대해 고민하고, 그 과정에서 어떤 일이 벌어질지 예상하고 계획해야 하는 거죠.

월간서른을 준비할 때도 저는 사람들이 월간서른을 접하는 과정을 떠올리며 시나리오를 준비했습니다.

먼저 사람들이 월간서른을 접하는 과정을 다음과 같은 단계들로 나눕니다.

■ 사람들이 월간서른을 접하는 과정

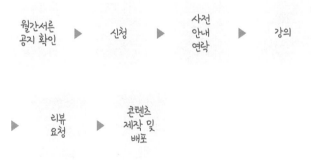

그리고 단계별로 제가 할 일을 정리합니다.

행사 전

월간서른 공지 확인

단순히 연사, 일정, 장소 등을 넣는 것이 아니라 연사가 가진 스토리가 무엇인지 함께 기재합니다. 마치 에세이를 쓰듯이 연사의 이야기를 작성합니다. 연사의 이야기에 한 가지를 더 추가합니다. 예상 참석자인 30대 직장인들이 가지고 있을 법한 고민을 연사가 어떻게 이겨냈는지를 적는 거죠. 사람들은 공감대가 형성되고 자기에게 필요한 이야기라는 생각이 들어야 강연을 선택하기 때문입니다.

신청

신청 페이지는 데이터를 트래킹할 수 있는 단축 URL을 활용해 링크를 만듭니다. 몇 명이 클릭했고 최종적으로 몇 명이 신청했는지를 확인해 매월 행사의 모집 효율을 비교합니다. 그리고 신청 페이지에는 간단한 인적 사항을 체크해 모임별로 어떤 사람들이 오는지 파악합니다. 이를 연사에게 전달해 강의를 준비하는 데 참고할 수 있게 합니다.

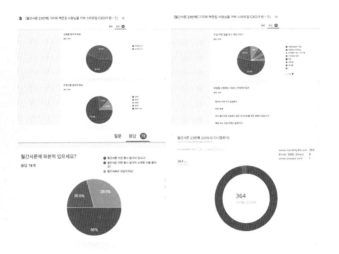

사전 안내 연락

세 번에 걸쳐 사전 연락 문자를 발송합니다. 이때는 오지 못할 경우 꼭 취소 연락을 달라는 문구를 넣습니다. 대부분의 오프라인 모임이 노쇼 때문에 행사 진행에 많은 어려움을 겪는데, 월간서른에서는 사전 연락 덕분인지 불참 공지를 주는 사람들이 많아 노쇼율 관리도 용이한 편입니다.

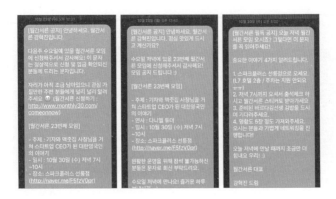

행사 당일

강의

월간서른에는 혼자 오는 사람이 꽤 많습니다. 특히 처음 오는 사람들은 어색한 분위기 때문에 어려워하죠. 이분들을 위해 강의 전에 명함 교환 시간을 드립니다. 옆 사람, 뒷사람과 인사를 나누다 보면 경직된 마음이 풀어집니다. 이 과정을 통해 월간서른 강의뿐만 아니라 참가자 간의 네트워킹까지 마련할 수 있는 시간을 드리는 거죠. 호스트인 제가 직접 명함을 먼저 전달하고 인사를 드리기도 합니다. 그러면 참가자들은 훨씬 더 편안한 마음으로 강연을 들을 수 있습니다. 실제로 먼저 인사해줘서 고맙다는 후기를 종종 받습니다.

행사 후

후기 요청

강의가 끝나면 돌아가는 길에 작성할 수 있게 후기 작성을 요청하며 링크를 전달합니다. 그날 있었던 감흥을 그대로 후기로 남겨주면 다음 행사를 준비하는 데 큰 도움이 됩니다. 현장에서 알기 어려웠던 참가자들의 이야기를 들을 수 있기 때문이죠. 참가자들 역시 자신의 이야기가 반영된다고 생각해서인지 성심성의껏 후기를 남겨줍니다.

콘텐츠 제작 및 배포

행사장에서 찍은 사진과 영상을 월간서른 SNS를 통해 공개합니다. 오지 못한 분들도 그날의 분위기를 느낄 수 있죠. 그리고 이 콘텐츠가 퍼지면 다음 달 월간서른 모집에도 큰 도움이 됩니다. 연사들에게는 프로필 사진 못지않게 잘 나온 사진을 전달해드립니다. 연사들은 여러 용도로 활용할 수 있는 사진이 생기는 셈이죠.

월간서른을 준비하다 보면 이보다 더 자세하게 준비 단계를 나누고 할 일들을 정합니다. 하나하나의 단계를 설계하고 시나리오를 정리하는 일들이 쉽지는 않습니다. 하지만 디테일하게 단계를 나누고 준비할수록 참가자들의 만족도가 높아지는 걸 매번 실감합니다.

드론을
띄우자

"좁쌀에 광내지 말자."

"바다를 끓일 수는 없다."

제가 일을 하며 자주 쓰던 표현 두 가지입니다. 좁쌀에 광내지 말자는 건 전체 일의 흐름에 전혀 도움이 되지 않는 작은 일에 매달리지 말자는 의미입니다. 바다를 끓일 수 없다는 건 모든 일을 한 번에 처리할 수 없으니 할 수 있는 범위를 정해야 한다는 의미입니다. 상반되어 보이지만, 이 두 가지는 마케터의 실무에서 반드시 필요합니다.

진짜 힘든 건 이 두 가지를 다 해야 한다는 겁니다. 큰 틀에서 내 일을 바라보되, 집중해야 할 중요한 부분이 어디인지 파악해야 합니다. 그러기 위해서는 나의 시선을 높이 띄워야 합니다. 내가 하는 일을 멀리 떨어져 바라봐야 한다는 겁니다. 그러면 일을 둘러싼 환경이 보입니다. 이 일의 목적이 무엇인지, 누구와 함께 일해야 하는지, 내가 하는 일의 예상되는 결과가 무엇인지 보일 겁니다. 나의 시선을 드론 띄우듯 해야 한다는 뜻입니다.

요즘 방송에서는 드론에 카메라를 달아 촬영한 영상들이 심심찮게 나옵니다. 전경을 촬영할 때는 드론을 높이 올립니다. 그리고 디테일한 곳을 집중해서 촬영할 때는 드론을 조종해 지면 가까이로 내립니다. 마치 카메라가 달린 드론처럼, 시야의 높낮이를 자유자재로 조절할 줄 알아야 합니다. 때로는 높은 곳에서 일의 전체를 바라보고, 때로는 낮은 곳에서 일의 디테일한 부분을 바라볼 줄 알게 되면 능숙하고 유연하게 일을 처리할 수 있게 됩니다.

좁쌀에 광내지 말자

마케팅에서 중요한 것 중 하나가 디테일입니다. 디테일에 강한 브랜드와 마케팅이 고객의 마음을 사로잡습니다. 하지만 디테일을 강화하는 것과 쓸모없을 정도로 사소한 고민을 하는 건 엄연히 다른 이야기입니다. 여기서 이야기하는 '좁쌀에 광내기'는 굳이 하지 않아도 되는 고민에 집착하거나, 마케팅을 진행하는 과정에서 고객과 마케터 둘 다에게 의미 없는 과정에 과도하게 공을 들이는 것을 의미합니다. 중요하다고 생각했던 일이 조금 더 높은 곳에서 보면 전혀 중요하지 않은 일이었다는 걸 깨닫게 되기도 하죠.

때로는 '내가 이 일을 왜 하고 있지?'라는 생각이 들기도 합니다. 내가 하는 일이 어떤 의미를 지니는지 체감하기 어려울 때 그렇습니다.

이직을 고민하는 친구의 이력서 작성을 도와준 적이 있습니다. 친구는 자신이 하고 있는 일을 뭐라고 적을지 고민하고 있었습니다. 이유를 들어보니 자기가 하는 주된 일 중하나를 단순 반복적인 일이라고 생각하고 있기 때문이었죠. 일주일에 한 번씩 디지털 기술 관련 뉴스 기사를 스크랩하고 자신의 의견을 더해 팀장 이상 관리자들의 회의에 자료로 제공하는 일이었거든요.

시야를 조금 넓혀보기로 했습니다. 친구에게 그 자료가 어떤 회의에 쓰이는지 물어봤습니다. 회사의 디지털 사업 담당 임원들이 모이는 회의에서 공유되는 자료라고 하더군요. 그 이야기를 들으니 단순 반복적인 일이라는 생각이 들지 않았습니다.

제 친구가 하는 일은 그 회사의 디지털 사업 방향을 정하는 데 인사이트를 전하는 일이었습니다. 누군가는 단순 반복적으로 하는, 큰 의미 없는 일이라 생각할 수 있습니다. 하지만 더 넓은 시야에서 본다면 친구의 회사가 향후 나아가야 할 디지털 사업의 모든 지식과 정보, 아이디어가 제 친구로부터 나오고 있었습니다. 자신이 만든 자료가 어디에 어떻게 쓰이는지를 다시금 인지한 후 그 친구는 자신이 하는 일의 가치를 다시 생각하게 됐습니다. 그리고 자신이 만드는 회의 자료에 자부심을 갖게 됐습니다.

마케팅은 늘 눈에 보이는 것처럼 멋진 일만 하는 건 아닙니다. 고객의 민원전화를 받고, 카카오톡으로 오는 문의 사항을 처리하고, 게시판에 올라온 고객의 소리에 답하기도 합니다. 눈에 띄지 않고 자잘한 일들을 하다 보면 지금 하고 있는 일이 보잘것없게 느껴질 수 있습니다. 또는 내가 하는 일이 어떤 의미를 지니고 있는지 알기 어려울 때가 있습니다.

그럴 때면 '내가 이 일을 왜 하고 있지?'라고 질문해봐야 합니다. 그저 신세 한탄을 하기 위한 자조 섞인 질문이 아니라 내가 하는 일의 진짜 의미를 찾기 위한 질문 말입니다. 회사가 나에게 월급을 주면서 굳이 이런 일을 하게 하는 데에는 이유가 있을 겁니다. '이 일을 왜 하고 있지?'라는 질문을 계속 파고들면 '이 일의 목적이 뭐지?'로 연결됩니다.

일을 하면서 가장 힘들 때는 그 일의 목적이 무엇인지 모를 때입니다. 일의 목적이 명확해지면 내가 지금 좁쌀에 광을 내고 있는 건지, 내 인생에 도움이 되는 일을 하고 있는 건지 스스로 알게 됩니다.

바다를 끓일 수는 없다

넓은 바다를 한 번에 끓이는 방법은 없습니다. 그렇다면 바닷물을 끓이는 방법은 무엇일까요? 바닷물을 큰 냄비에 옮겨 담아 끓이길 반복하면 됩니다. 마케팅도 마찬가지입니다. 달성하고 싶은 목표가 있다면, 거기에 필요한 단계별 목표로 잘게 나누고 하나씩 이루어나가야 합니다.

마케팅과 광고 업계에 전설(?)처럼 회자되는 이야기가 있습니다. 광고에 너무 많은 메시지를 넣고 싶어 하는 광고주를 대상으로 프레젠테이션을 했던 한 광고 대행사 대표의 이야기입니다.

프레젠테이션 당일, 대행사 대표가 여러 개의 공을 준비해 갔습니다. 그리고 광고주에게 공을 받을 준비를 하라고 하고는 여러 개의 공을 한꺼번에 던졌습니다. 당연히 광고주는 당황하며 한 개도 받지 못했습니다. 대행사 대표가 말했습니다.

"광고도 마찬가지입니다. 너무 많은 메시지를 한 번에 넣으면 고객들은 어떤 메시지도 정확히 인지하지 못합니다. 우리가 전하고자 하는 하나의 메시지를 담아 광고를 만들어야 합니다."

그 뒤에 어떤 결과로 이어졌는지는 전해 듣지 못했습니다. 하지만 많은 사람이 이 이야기에 나오는 광고주와 같은 욕심을 가지고 있습니다. 많은 돈과 시간을 들여 만드는 광고인 만큼 최대한 많은 이야기를 담고 싶어 합니다. 하지만 짧은 시간 동안 사람이 받아들일 수 있는 정보에는 한계가 있습니다. 그러므로 가장 핵심적이고 본질적인 이야기 하나를 정해 전달해야 합니다.

비단 광고만의 사례는 아닙니다. 스타트업 업계에서는 린 스타트업lean startup이라는 용어가 자주 쓰입니다. 최소한의 기능만 갖춘 제품이나 서비스MVP, Minimum Viable Product를 고객에게 선보인 뒤, 고객들이 보내주는 피드백을 반영해 더 나은 품질로 만들어 다시 시장에 선보인다는 개념입니다. 고객의 니즈가 빠르게 변화하고 실패의 위험이 도사리고 있는 창업 시장에서 완벽한 제품을 만드는 것 자체가 무리일 수 있습니다. 그래서 최대한 가볍게 시도해보고 빠르게 수정 사항들을 받아들이는 방식인 거죠. 린 스타트업을 넘어린 마케팅이나 린 브랜딩 같은 개념들이 나왔고, 이제는 고객이 원하고 기업에 필요한 아주 작은 부분부터 시장에 선보이는 방식이 대중화되고 있습니다.

배달의민족이 배달 업체와 고객을 중개하는 역할만 하다가 앱을 통해 직접 주문과 결제를 하는 방식을 도입했을 때의 일입니다. 지금은 고객이 앱에서 원하는 메뉴를 선택하고 결제를 하면 자동으로 매장에 주문 내역이 전달됩니다. 하지만 처음에는 조금 달랐습니다. 고객이 배달의민족을 통해 주문을 하면 배달의민족 콜센터 상담원이 배달 업체에 전화해 고객이 주문한 내역을 전달하는 방식으로 진행했습니다. 그래서 간혹 매장에서 주문을 소화할 수 없는 상황이면 콜센터에서 고객에게 다시 전화를 걸어 이 사실을 알려주어야 했습니다.

지금 생각해보면 믿기지 않는 시스템입니다. 처음부터 100퍼센트 자동화로 진행됐을 거라 생각되는 서비스가 사실은 보이지 않는 곳에서 많은 사람으로 노력으로 이뤄졌다는 거죠. 콜센터가 대신 주문하는 과정을 통해 배달의민족은 자동주문 시스템을 이용하는 고객들의 데이터를 축적하고 서비스를 더 잘 만들 수 있는 시간을 번 겁니다.

만약 배달의민족이 한 번에 완벽한 서비스를 만들기 위해 몇 개월을 개발에만 매달렸다면 어땠을까요? 물론 좋은 서비스가 한 번에 출시됐을 수도 있습니다. 하지만 고객의 요청 사항이 충분히 반영되지 못한 서비스가 나왔거나, 자동주문 시스템이 너무 늦게 개발됐을지도 모릅니다.

당신도 해내야 하는 일이 있다면 한 번에 여러 개를 동시에 해내려 하기보다는 가장 중요한 목표를 정하고 그 목표를 달성하는 걸 최우선 과제로 삼기 바랍니다. 그러면 그다음에 달성해야 할 목표가 더욱 또렷하게 보일 겁니다. 그렇게 우리는 앞으로 나아가는 겁니다.

4장.

브랜드, ——
—— 나는 이렇게
만들었다

월간서른은 '고민하는 30대를 위한 콘텐츠 플랫폼'이라는 콘셉트를 가진 작은 브랜드입니다. 한 달에 한 번, 자신만의 길을 걷는 연사를 모시고 30대의 이야기를 듣는 강연 형태로 시작했습니다.

2018년 1월, 회사를 나와 마케팅 강의와 워크숍을 하며 지낸 지 6개월쯤 됐을 때였습니다. 잘나가는 강사들이야 연간 계획이 미리 세워져 있고 연초에도 강의 계획이 많지만, 저는 사정이 조금 달랐습니다. 딱히 찾아주는 곳이 없으니 강의할 일도 없었죠. 자연스레 시간이 남아돌았습니다.

원래 좋은 아이디어는 시간이 남고 잡스러운 생각이 많아야 나오는 법인가 봅니다. 평소 생각했던 모임을 열어보고 싶어졌습니다. 자정이 조금 넘은 시간, 잠자리에 들기 전 페이스북에 글을 하나 남겼습니다. '1인 기업과 퇴사에 대해 이야기하고 싶은 분들이 계실까요?'라고 말이죠.

그렇게 꿀잠을 자고 일어났습니다. 전날 밤에 올린 글에 반응이 있으려나 싶어 페이스북 앱을 켰습니다. 그런데 이게 웬일입니까! 생각보다 많은 사람이 '좋아요'와 댓글을 남겨준 겁니다. 일주일 뒤에 모임을 열기로 하고, 바로 구글독스로 신청서를 만들어 제 페이스북 계정에 올려 신청자를 받았습니다. 2018년 1월 31일 수요일, 월간서른의 첫 번째 모임은 그렇게 시작됐습니다.

그 뒤로 2년이 넘는 시간 동안 매월 강의를 만들어 진행했습니다. 20명이 넘는 연사와 2,000명이 넘는 참가자가 다녀갔습니다. 강의 외에 플리마켓도 기획했는데 25명의 팀이 참여해 800명이 넘는 사람들이 다녀갔습니다. 퍼블리, 폴인과 같은 콘텐츠 플랫폼에서 발간한 30대를 위한 리포트는 2,000명이 넘게 읽어주었습니다. 다양한 30대가 모이는 게 신기했는지 〈한겨레〉, 〈동아일보〉 같은 언론사와 〈아레나 옴므〉, 〈톱클래스〉, 〈나라경제〉 같은 매거진에도 소개되는 신기한 경험을 하기도 했습니다.

30대를 위한 다양한 모임과 콘텐츠를 만들어가면서 기업과 함께하는 기회도 생겨나고 있습니다. CGV 용산점과 함께 월간서른을 진행하기도 하고, 우아한형제들이 운영하는 배민아카데미와 함께 3개월간

오프라인 강연을 진행하기도 했습니다. 지금도 다양한 기업과 앞으로의 활동을 계획하고 있습니다. 처음에는 취미라고 생각했던 월간서른이 다양한 기업과의 콜라보를 진행하는 브랜드가 되었습니다.

저 혼자 작게 시작한 브랜드가 많은 사람에게 알려지고 입소문이 나는 걸 지켜보는 건 뿌듯하고 기쁜 일입니다. 제가 기획한 모임에 사람들이 참여해 즐거웠다고, 고맙다고 인사해줄 때면 꽤 자부심이 느껴집니다.

그런데 월간서른이라는 이름으로 이벤트를 기획할 때면 늘 의구심이 듭니다.

'이런 모임을 사람들이 재미있어할까?'

'우리 플리마켓에 셀러들이 지원을 할까?'

이런 생각이 마음속에서 쉬지 않고 튀어나옵니다. 하지만 제가 세운 가설대로 사람들이 참여하고 즐거워하고 만족하는 모습을 보면서 새로운 실험에 성공한 발명가라도 되는 양 저 혼자 기뻐합니다.

월간서른은 제가 그동안 짧게 또는 길게 경험한 여러 회사에서의 마케팅 업무 경험이 종합적으로 녹아든 결과라고 할 수 있습니다. 웹과 소셜미디어를 포함한 온라인 채널을 기획하고 운영하는 일, 사람들을 만나고 이야기 나누는 일, 모임을 꾸려 홍보하고 사람을 모집하고 운영하는 일, 오프라인의 결과물을 온라인 콘텐츠로 만들어 더 많은 사람에게 알리는 일, 기업들에 월간서른을 소개하고 콜라보 활동을 제안하는 일까지 10년이 넘는 시간 동안의 경험이 모두 모여 월간서른이라는 브랜드를 운영하는 데 활용되고 있습니다.

이 장에서는 제가 쌓은 경험이 월간서른이라는 브랜드를 만드는 데 어떻게 도움이 됐고, 저는 어떤 것들을 새롭게 기획하고 의도했는지 하나씩 이야기해보고자 합니다.

뭐라고 부르지?
- 이름

사람이나 브랜드나 가장 기본이 되고 중요한 것은 '이름'입니다. 월간서른은 원래 이름이 없었습니다. 앞서도 말했듯이, 아주 간단하게 '갑자기 생각나서 만든 모임'이라고 지었죠. 그러다가 월간서른이라는 이름으로 바꾸었습니다. 그런데 이름을 바꿀 때도 몇 가지 의도한 기준이 있었습니다.

첫 번째는 '쉬워야 한다'였어요. 부르기도, 기억하기도 쉬워야 했죠. 그러려면 짧고 쉬운 단어를 사용해야 합니다. 몇 년 전부터 책 제목들이 길어지기 시작했습니다. 100만 부가 팔린 책《지적 대화를 위한 넓고 얕은 지식》이 대표적입니다. 하지만 사람들이 기억하기 쉽도록 줄임말을 사용했죠. '지대넓얕'이라고 말입니다.

사람들의 관심을 자극하는 데에는 문장 형태의 제목이 좋을 수 있습니다. 하지만 보통 사람들은 네 글자가 넘어가면 정확히 발음하고 외우는 것을 어려워합니다. 그래서 어떻게든 줄임말이 탄생하죠. 요즘 흔히 사용하는 말잇못(말을 잊지 못함), 배라(배스킨라빈스), 빠바(파리바게뜨) 등의 줄임말도 다 그런 맥락에서 탄생한 것입니다. 줄임말은 사용하기는 좋지만 본래의 의미를 한 번에 전할 수 없다는 단점이 있습니다. '말잇못'을 처음 듣고 이해할 수 있는 사람이 몇이나 될까요?

또한 이름이 쉬우려면 이름에 쓰인 단어가 쉬워야 합니다. 멋있어 보이기 위해 우리가 잘 쓰지 않는 단어들을 사용하는 것을 저는 그다지 선호하지 않습니다. 특히 요새는 한글보다는 영어 단어가 더 많이 쓰이다 보니 한글 이름이 외려 차별화 요소가 될 수도 있다고 생각합니다. 그 관점에서 부르기 쉬운 네 글자로 이루어진 월간서른은 제 기준에 부합했죠. '월서'라고까지 줄이는 사람들을 간혹 보긴 합니

다만, 대부분 사람이 월간서른이라고 그대로 불러줍니다.

　두 번째는 '타깃과 콘셉트가 드러나야 한다'였습니다. 이름만 들어도 어떤 성격의 브랜드인지 와닿는 것이 좋습니다. 이메일이나 책의 제목만 보고도 본문에 어떤 내용이 담겨 있을지 예측할 수 있어야 하는 것과 비슷합니다. 월간서른이라는 이름을 들은 사람들은 '월간'이라는 단어에서는 '매월 무언가를 하는구나'라고 유추할 수 있습니다. '서른'이라는 단어에서는 '30대를 위한 콘텐츠를 다루겠구나'라고 짐작할 수 있고요. 이것만으로도 브랜드를 알리는 데 절반은 성공한 셈입니다. 이름을 처음 들었을 때 '무엇을 하는지 유추가 되는 이름'만큼 좋은 건 없다고 생각합니다.

마지막은 '검색이 용이해야 한다'입니다. 스마트폰과 노트북에서 하는 대부분의 행위는 바로 검색입니다. 사람들은 이제 자신이 궁금한 내용을 검색하고 그 결과를 찾아보며 새로운 지식을 쌓습니다. 이때 다른 단어와 혼동되지 않으면서 새로운 단어여야 검색이 잘됩니다. 검색이 잘된다는 것은 내가 의도한 검색 결과가 나온다는 것입니다. 너무 일반적인 단어들만을 사용하면 다른 개념들과 혼동될 수 있고, 검색 결과가 상위에 노출되기도 쉽지 않습니다.

'서른'이라는 단어는 굉장히 포괄적이면서도 일반적인 단어입니다. 하지만 '월간서른'은 신조어여서 검색창에 월간서른을 검색하면 제가 만든 콘텐츠와 홈페이지가 가장 먼저 노출될 가능성이 매우 큽니다. 그래서 월간서른을 운영하기 시작한 초반부터 주변에서 "월간서른이 뭐예요?"라고 물어보면 간단히 설명한 후 "네이버에서 '월간서른'을 검색해보시면 됩니다"라고 이야기했습니다. 브랜드의 이름을 만든다면 '검색 결과' 관점에서도 꼭 고민해보세요.

누구의 이야기를 듣고 싶을까?
- 연사와 스토리

누구의 이야기를 들으면 좋을까? 월간서른에서 연사를 선정하는 기준을 많이들 물어봅니다. 처음에는 제 주변 사람들을 연사로 초청했어요. 운 좋게도 제 주변에는 자신만의 길을 걷는 사람들이 많은 편입니다. 웹디자인 회사에 다니다가 취미로 가죽공예를 시작해 이태원에서 가장 큰 가죽공방을 하는 친구, 교육 회사에 다니다가 강사가 된 형, 퇴근 후 아내와 식당을 준비해 마침내 대기업을 때려치우고 식당 사장님이 된 선배, 직장에 다니면서 책을 써내고 50만 부를 팔아 서점까지 차린 친구까지 정말 다양한 사람들이 있습니다.

이 사람들을 연사로 세울 때도 제 나름의 기준이 있었습니다. 누구나 했음 직한 경험, 즉 대한민국의 정규 교과과정을 밟고 대학을 나와 크든 작든 '회사에 다녀본 경험'이 있는 사람이어야 한다고 생각했습니다.

이 말을 듣고 한 친구가 "대학 안 나오면 연사로 못 서는 거냐?"라고 물은 적이 있습니다. 연사의 학벌이나 교육 수준을 따지는 것이 아닙니다. 마케팅 관점에서 고객들, 즉 월간서른에 참여하는 사람들이 공감할 수 있는 백그라운드를 가지고 있느냐를 따진 것이었죠. 같은 경험과 배경을 가졌지만 어느 순간 자신이 내린 결정 그리고 결정 뒤에 만들

어간 수많은 노력으로 남다른 성과를 만든 사람들을 연사로 모시고자 했습니다.

〈세바시〉나 〈TED〉 같은 대중 강연 프로그램이 한창 인기를 누렸습니다. 거기에 등장하는 연사들은 하나같이 '범접하기 어려운 수준'의 사람들이었습니다. 대단한 업적을 지닌 연사들의 이야기에는 울림과 힘이 있습니다. 많은 사람들 사이에서 회자되고 인기를 누립니다.

하지만 그들의 이야기가 듣는 이의 '공감'과 '행동'을 끌어내기에는 조금 어려울 수 있다고 저는 생각했습니다. 무대 위에 있는 사람들의 배경과 성과가 지금의 내가 당장 이뤄내기에는 불가능한 경우가 많기 때문이었죠.

그런 강연을 들은 후 사람들은 대부분 일상으로 돌아갑니다. 하나의 멋진 쇼를 봤다고 생각하는 거죠. 멋지고 인상적이긴 하지만 자신의 삶과 큰 관련성을 찾아내긴 어렵습니다. 강연을 준비한 사람들의 의도와 달리, 청중은 강의 중에 생각한 결심과 다짐을 자신의 현실에서 이어나가는 데 한계를 느낍니다.

강연이라는 콘텐츠의 전달 방식이 상호 교류가 아닌 일

방적인 전달이기 때문일 수도 있습니다. 하지만 사람들이 강연을 들으며 '감탄'보다 '공감'할 수 있으면 더 좋지 않을까 생각했습니다. 왜냐하면 월간서른은 단순히 보고 감탄하는 곳이 아니라 실제로 자신이 가진 고민을 나누고, 해결의 실마리를 제공하는 자리가 되길 바랐거든요.

그러기 위해서는 연사들이 이뤄낸 훌륭한 성과뿐만 아니라 그들의 배경과 성장기에 참가자들이 공감할 수 있어야 한다고 생각했습니다. 그러려면 연사들이 더 솔직한 이야기와 성장 과정의 이야기를 해주어야 했고요. '에이, 저런 성과는 저 사람이니까 낼 수 있었지! 나랑은 원래 다른 사람이었네'라고 생각하는 것이 아니라 '우와, 나랑 별반 차이도 없는 과정을 경험한 사람이 저런 성과를 냈어? 그럼 나도 해볼까?'라고 생각하길 바랐습니다.

월간서른을 진행해오면서 제 주변 사람들만을 연사로 초빙하기가 점점 힘들어졌습니다. 더 많은 사람이 공감하고 찾을 수 있는 연사를 모셔야 했습니다. 그러려면 어느 정도 인지도 있는 연사가 필요했습니다.

이 순간부터 연사를 정하는 제 기준은 딱 한 가지였습니다. '아는 사람의 몰랐던 이야기, 모르는 사람의 알고 싶은 이야기'가 바로 그것입니다. 아는 사람의 아는 이야기는 너무 뻔하고, 모르는 사람의 몰랐던 이야기는 관심을 끌어내기가 너무 어렵습니다. 뻔히 아는 사람이지만 우리가 몰랐던 그 사람만의 이야기는 언제나 사람들의 공감을 자아냅니다. 우리가 모르는 사람이라 하더라도 우리가 늘 알고 싶었던 비결이 담긴 이야기를 해준다면 그 역시 공감과 관심을 자아낼 수 있다고 생각했습니다.

월간서른의 연사들에게는 늘 한 가지를 요청합니다. '성공기가 아니라 성장기를 들려달라'는 것입니다. 자신이 어떤 성공을 했는지 성과를 이야기하는 것도 필요하지만, 그 성과를 만들어내는 과정에서의 고민과 노력 그리고 성장의 스토리가 담겨야 공감을 일으키고 팬을 만들 수 있다고 생각했습니다.

많이들 이야기하지만 마케팅에서 요즘 가장 중시되는 것이 스토리입니다. 단지 멋진 디자인과 좋은 품질을 가지고 있다고 해서 사람들이 사랑하는 브랜드가 되진 않습니다. 그 브랜드가 만들어진 스토리와 배경이 살아 있어야 사람들이 사랑하죠.

제주시 구좌읍 종달리 바닷가 마을에는 '해녀의부엌'이라는 간판이 붙은 작은 공연장 겸 식당이 있습니다. 예약제로 운영되는 이 공간에서는 관광객들이 해녀와 제주를 제대로 경험할 수 있는 프리미엄 다이닝을 제공합니다.

100분간 운영되는 다이닝 공연은 해녀들의 삶이 담긴 연극으로 시작됩니다. 이 연극의 마지막에는 실제 해녀가 등장하고, 연극이 끝나면 해녀가 직접 해산물을 설명해줍니다. 이후 그 해산물과 해녀들이 직접 키운 농산물로 만든 식사가 이어집니다. 마지막은 실제 해녀와 이야기 나누는 Q&A 시간입니다. 다이닝이 진행되는 동안 관객들은 해녀의 이야기에 감동해 울고 웃습니다. 또 자신들이 설명을 들었던 해산물을 직접 맛보며 제주의 해산물과 해녀의 스토리에 흠뻑 빠져듭니다.

프리미엄 다이닝이 진행되는 이 공간은 사실 오랫동안 방치된 어판장이었습니다. 해녀들이 잡아 올린 해산물을 거래하던 낡은 어판장을 젊은 창업가 김하원 대표가 새로운 공간으로 바꿔냈습니다.

　김하원 대표는 제주의 해녀 집안에서 나고 자랐습니다. 그는 제주의 해산물들이 제값을 받지 못한다는 사실이 너무 안타까웠습니다. 특히 해녀들이 직접 채취한 해산물들은 더 나은 가치를 받을 자격이 있다고 생각했습니다. 그리고 제주의 역사를 고스란히 담고 있는 해녀의 문화를 더 많은 사람에게 알리고 싶었습니다. 제주가 가진 스토리와 자신이 공부한 연기(한국예술종합학교에서 연기를 전공했죠)를 접목해 사람들이 감동하고 공감하는 공간과 시간을 만들고 싶었습니다. 그렇게 만든 회사가 바로 해녀의부엌입니다.

　스토리가 스펙을 이긴다는 말처럼 잘 만든 스토리가 결국 선택의 기준이 됩니다.

얼마면 오시겠어요?
- 가격과 가성비

모임을 운영하며 고민스러운 부분 중 하나가 가격이었습니다.

'월간서른에 한 번 참여하는 데 가장 적당한 가격은 얼마일까?'

더불어 가격 자체에도 사람들을 오게 하는 전략을 반영해야겠다고 생각했습니다. 수십만 원의 참가비를 받는 오프라인 모임들이 생겨나고 있지만, 아직도 많은 모임이 돈을 받지 않거나 최소한의 참가비만 받습니다. 가장 많이 받는 가격이 1만 원입니다. 돈을 벌겠다는 의지보다는 최소한의 운영 비용이라고 생각되는 가격이죠.

저 역시 처음에는 이 가격으로 시작해야겠다고 생각했

습니다. 유명하지도 않은 오프라인 모임에 나오는데 높은 가격을 지불할 사람은 별로 없을 거라고 봤거든요.

하지만 두 번째 모임부터는 거기에 한 가지 가격을 더 만들었습니다. 재방문하는 사람은 1만 원, 처음 방문하는 사람은 1만 5,000원을 받은 겁니다(지금은 재방문 고객은 2만 원, 처음 방문하는 사람은 2만 5,000원입니다). 매월 연사가 달라지니 새로운 이야기를 듣기 위해 다시 방문하는 사람들이 있을 거라 판단했습니다. 그분들에게는 혜택이 있어야겠다고 생각했죠.

거기에 또 한 가지 조건을 추가했습니다. 기존 참여자의 소개로 오는 사람들은 첫 방문 때도 5,000원이 할인된 1만 원에 신청할 수 있게 한 겁니다. 재방문을 하거나 기존 방문자의 초대로 오는 사람은 5,000원 할인을 받는 거죠.

사실 5,000원은 큰돈이 아닐 수도 있습니다. 커피 한 잔정도의 가격이기도 하죠. 하지만 1만 5,000원에서 5,000원을 할인해주는 건, 30퍼센트가 넘는 할인입니다. 5,000원이라는 가격 할인은 절대적 가치는 작아 보일지언정 전체 참가비에 비추어 본 상대적 가치로는 꽤 의미가 있는 거죠.

사실 이 5,000원은 소개로 오는 사람들보다 이들에게 추천하는 월간서른 기존 참가자들에게 더 큰 효과를 가져왔습니다. 월간서른이라는 새로운 콘텐츠를 경험한 사람들이 주변에 입소문을 내면서 "다음 달에 같이 가자"라고 이야기해주었습니다. 거기에 "내 이름 대면 5,000원 할인해줘"라는 이야기를 할 수 있게 한 겁니다. 전 이 상황을 그 사람들 손에 5,000원을 쥐여준 것과 마찬가지라고 생각했습니다. 자기가 함께 오고 싶은 사람들에게 5,000원을 나눠주는 효과가 있는 거죠.

이런 방식은 회원 가입이나 이용 활성화가 필요한 다양한 영역에서 쓰이는 MGM^Members get Members 전략입니다. 이미 우리 고객이 된 사람들이 다른 고객을 데려오는 방식인 거죠. 이 과정에서는 기존 고객들에게 그들이 활용할 수 있는 무기를 줘야 합니다. 쇼핑몰에 회원 가입을 할 때 '추천인' 난에 지인 이름을 쓰면 할인 쿠폰을 주는 게 대표적인 예입니다.

더 나아가 추천을 받아 가입하는 회원들에게뿐만 아니라 추천한 회원에게도 혜택을 주는 방식도 있습니다. 에어비앤비에서는 내가 공유한 링크를 통해 친구나 지인이 숙소를 예약하면 에어비앤비에서 쓸 수 있는 포인트가 나에게 지급됩니다. 그러니 에어비앤비를 사용하는 고객들은 주변 사람들이 에어비앤비에 가입하고 사용하도록 열심히 홍보하게 되죠.

가격과 떼려야 뗄 수 없는 게 성능입니다. 흔히 '가성비'라고 하죠. 아무리 좋은 연사와 좋은 이야기를 준비한다고 하더라도 참가자의 만족도는 다를 수밖에 없습니다. 무형의 콘텐츠로 많은 사람을 만족시키기란 어려운 일입니다. 자신이 기대했던 이야기가 아닐 수도 있고, 연사의 강의 방식이 마음에 들지 않을 수도 있습니다. 강의장의 온도가 너무 낮거나 높아 불쾌할 수도 있고, 의자가 불편할 수도 있습니다.

그래서 제가 처음부터 준비한 건 식사였습니다. 1만 원의 참가비를 받아 공간 대여료를 내기도 벅찼지만 사람들이 요기할 수 있는 음식을 꼭 준비했습니다. '웬 음식?'이라고 생각하는 사람들도 있을 겁니다.

제 의도는 이랬습니다. 대부분의 참가자는 직장에서 퇴근하고 바로 월간서른 현장으로 옵니다. 식사를 하고 오는 사람들도 있지만 직장이 먼 사람들은 시작 시간을 맞추기 위해 식사를 거르고 올 수밖에 없습니다. 식사도 못 하고 겨우 참여했는데 연사의 이야기가 별로라면 어떻겠어요. 아마 저라면 짜증이 날 것 같았습니다. 배는 고프고, 강연까지 만족스럽지 않다면 누구나 그러지 않을까요? 그런데 만약 가벼운 요깃거리를 준다면 어떨까요. 내가 낸 돈의 거의 절반에 가까운 가격의 뭔가를 준다면 짜증이 좀 줄어들지 않을까요?

식사를 고를 때도 꽤 고심했습니다. 어떤 음식을 주어야 사람들이 만족할 수 있을까, 만족을 넘어 '우와, 여긴 이런 걸 다 주네?'라고 생각할까 하고 말이죠. 또한 쉽게 상하지 않는 음식이어야 했습니다. 그렇게 결정한 게 서브웨이 샌드위치입니다.

서브웨이 샌드위치는 당시 한창 유행하던 힙합 경연 프로그램에 협찬하면서 유명세를 타고 있었습니다. 더욱이 매장이 많지 않아 '한번 먹어볼까?'라고 생각했더라도 굳이 찾아가야 살 수 있기도 했지요.

음식만 준비한 건 아닙니다. 매번 책 협찬을 받아 참가한 사람들 중 질문이나 후기를 남겨준 10~20명에게 나눠주었습니다. 때로는 스타트업의 제품을 협찬받아 수십만 원의 경품을 주기도 했습니다. 맥주를 협찬받아 음식과 함께 먹으며 더욱 편한 분위기에서 진행하기도 했지요.

저의 전작 《마케팅 차별화의 법칙》에서는 차별화를 위한 다섯 가지 방법을 이야기합니다. 그중 하나가 바로 경제성입니다. 경제성 측면의 차별화를 위해서는 단위당 가격 우위를 가져가는 방법도 있습니다. 단위당 가격 우위는 똑같은 단위의 제품을 경쟁자보다 좀더 싸게 파는 것을 의미합니다.

하지만 무형의 제품에서는 가성비가 중요합니다. 1만 원을 내고 그 가격의 절반에 해당하는 음식을 제공받고, 운이 좋으면 1만 원보다 비싼 책을 선물로 받기도 합니다. 이미 음식과 선물만으로도 가격에 대한 저항이 사라진 거죠. 월간서른에 온 사람들의 마음속 만족도를 보자면 이제 강연은 덤입니다. 그러니 강연에 일부 불만족스러운 부분이 있다고 하더라도 크게 개의치 않습니다. 그런데 강연까지 만족스럽다면? 월간서른은 앞으로 꼭 다시 와야 할 곳이 되는 거죠.

우리가 남이가?
- 관계

월간서른이 한창 성장해가면서 회마다 80명 내외의 사람들이 참석했습니다. 많을 때는 100명 넘는 사람들이 오기도 했습니다. '오프라인으로 사람 모으기 힘들다'라는 이야기가 무색할 정도로 사람들이 꾸준히 찾았습니다.

그러자 새로운 모임을 준비하는 개인과 기업들이 미팅을 요청하곤 했습니다. 그들은 월간서른에 사람들이 모이는 이유를 궁금해했습니다. 앞서 이야기한 몇 가지 이유도 있겠지만, 제가 생각하는 중요한 이유가 하나 더 있습니다.

그것은 바로 '관계'입니다. 월간서른이라는 브랜드와 참석자들 사이에 '관계'가 생겨난 것입니다. 오프라인에서 만나 관계를 맺는 방법은 뒤풀이 자리라고 생각하는 사람이 많을 겁니다. 하지만 월간서른을 2년 넘게 진행해오면서 뒤풀이를 한 건 딱 한 번뿐이었습니다. 그것도 10명 내외의 인원이 참석한 조촐한 자리였습니다.

술자리라는 다소 부담스러운 기회가 아니더라도 월간서른이 참석자와 관계를 맺는 방법은 있습니다. 바로 소소한 스킨십입니다. 브랜드와 참석자가 스킨십을 하는 방법은 다양합니다.

먼저 월간서른은 신청한 사람들에게 사전 안내 문자를 서너 차례 발송합니다. 비슷한 성격의 강의를 운영하는 이들이 한두 번 정도 안내 문자를 보내는 걸 고려하면 자주 보내는 편입니다. 모임 일주일 전에 한 번, 2~3일 앞두고 한 번, 당일 또는 전날에 또 한 번 문자를 발송합니다. 문자를 보낼 때도 그날의 날씨와 문자를 받아보는 시간대 등을 고려해 문구를 세심하게 만듭니다.

모임에 참석하지 못하는 사람들을 파악하기 위해 문자 메시지에는 '참석이 어려울 경우 꼭 회신해달라'고 써둡니다. 그러면 못 오게 된 사람들이 연락을 줍니다. 그럴 때면 저는 꼭 그 사람의 이름을 문자에 넣어 회신을 합니다. '○○ 님, 안녕하세요. 못 오신다니 너무 아쉽네요. 다음에 꼭 뵐 게요!'라고 말이죠. 처음에는 딱딱한 말투로 참석 불참을 알렸던 사람들도 자기 이름이 들어간 제 답장을 받고 나서는 이모티콘과 함께 못 가서 아쉽다며 다음에 꼭 가겠다는 답장을 남깁니다. 의례적인 공지 문자인 줄 알았는데 자신의 이름을 불러주며 다음에 보자는 문자를 답장을 받는 순간, 월간서른이라는 브랜드와의 관계가 조금씩 생겨나는 거죠.

월간서른 모임 날에는 참가자들끼리 명함을 나누고 인사하는 시간을 짧게나마 가집니다. 저도 그 시간에는 몇몇 분과 인사를 나눕니다. 어떻게 알고 오셨냐고 여쭙고 즐거운 시간이 되시길 바란다는 말씀을 드립니다. 그런데 저는 주로 혼자 온 사람들에게 다가가 인사를 건넵니다. 지인과 함께 온 사람들은 조금 더 수월하게 현장에 적응하지만, 혼자 온 사람들은 주변 사람들과 인사 나누기가 여간 어려운 게 아닙니다. 그럴 때일수록 호스트인 제가 다가가 인사를 드리고 다른 사람들과 어울릴 수 있도록 분위기를 만드는 게 중요하다고 생각합니다. 실제로 '혼자 와서 뻘쭘했는데 인사해주서서 감사했다. 좀더 편하게 들을 수 있었다'라는 후기를 받아본 적도 있습니다.

참가자들끼리 인사를 나누게 하자 또 하나의 효과가 생겨났습니다. 자주 오는 사람들끼리 안면이 생겨 다음번 모임에서는 서로 반갑게 인사를 나누게 된 겁니다. 월간서른이라는 무형의 공간이 어색하고 낯선 공간이 아니라 아는 사람이 있는 공간으로 바뀐 것이죠.

요즘은 하지 않지만 1년 정도는 참가자들 생일 축하 노래를 불러주기도 했습니다. 강의가 모두 끝난 후 "이번 달에 생일이신 분 계신가요?"라고 묻고 자리에서 일어나달라고 요청했습니다. 그러고는 다 함께 생일축하 노래를 불렀습니다. 생일을 낮이한 사람들에게는 미리 사두었던 즉석복권을 한 장씩 드리기도 했습니다. 월간서른이라는 공간에서 두 시간여 동안 함께 강의를 들은 사람들에게 생일 축하 노래를 듣고 작은 선물을 받는 경험 역시 월간서른과 참가자 사이의 관계를 맺는 스킨십의 하나입니다. 그렇게 월간서른과 참석자의 관계, 참석자와 참석자 간의 관계가 생겨나는 겁니다.

마케팅에서 '관계'는 매우 중요합니다. 월간서른을 운영하며 만들어낸 관계는 브랜드와 고객의 관계, 그리고 고객과 고객의 관계이기도 합니다. 브랜드를 좋아해 주는 고객은 팬이 됩니다. 아이돌과 팬의 관계가 그러하듯 브랜드와 팬의 관계도 매우 중요합니다. 고객이 있는 브랜드와 팬이 있는 브랜드는 확연히 다릅니다. BTS의 성공은 ARMY라는 팬들이 있었기에 가능했습니다. 뮤지컬과 영화도 한 번만 관람하는 고객이 아니라 여러 번 관람하는 팬들이 있을 때 성공할 수 있습니다. 월간서른 역시 월간서른을 좋아하고 여러 번 참석해주시는 분들 덕분에 계속해올 수 있었습니다.

소풍 가는 기분이에요!
- 공간

지금 저는 집 근처에 새로 생긴 카페에서 이 책을 쓰고 있습니다. 책을 쓰는 일은 집중력을 필요로 합니다. 그래서 학생들이 공부하는 사설 독서실에서 써보기도 하고, 집 책상에서 써보기노 했습니다. 여러 시도를 한 끝에 가장 잘 써지는 공간이 카페라는 걸 알게 됐습니다. 독서실은 너무 조용해서 제 노트북 타이핑 소리가 다른 사람에게 방해가 될까 봐 걱정이 되기도 했고, 공간 자체가 그리 재미있는 곳이 아니었습니다. 집은 휴식을 취하는 곳이라는 생각 때문인지 좀처럼 집중이 되지 않았습니다. 적당한 백색소음이 있고, 음악이 나오고, 가끔 스트레칭을 할 공간도 있는 카페가 제격이었습니다.

이렇듯 사람은 환경에 영향을 많이 받는 동물입니다. 월간서른도 공간에 신경을 썼습니다. 월간서른을 시작한 이후 매번 어느 곳에서 개최할까 많은 고민을 했습니다. 공간이 주는 힘이 있기 때문입니다. 공간이 주는 매력이 클수록 월간서른이 가진 콘텐츠의 힘도 커진다고 믿었습니다.

월간서른 첫 모임을 당시 제가 일하던 공유 오피스에서 개최했습니다. 월간서른을 찾는 대부분 참석자는 크고 작은 회사의 직장인입니다. 공유 오피스는 세련된 인테리어를 갖추고 라운지에서는 맥주와 커피를 무한 제공합니다. 30대의 직장인들이 좋아할 만한 공간이죠. 지금이야 이런 공유 오피스가 많이 늘어났지만 처음 월간서른을 시작하던 당시에는 공유 오피스의 개념조차 생소했습니다. 참석자들은 월간서른이 기획한 강연에도 관심이 있지만 공유 오피스라는 평소 가보기 어려운 새로운 개념의 공간에도 큰 관심을 보였습니다.

그 뒤로도 매력이 있는 공간을 찾아 월간서른을 운영했습니다. CGV 용산점의 한 관을 통째로 빌려 월간서른을

진행하기도 했고, 성수동 플레이스캠프 매니저님를 연사로 모셨을 때는 플레이스캠프 꼭대기 층의 대형 바를 통으로 빌렸습니다. 을지로의 야경이 보이는 공유 오피스의 신규 오픈 지점에서 월간서른을 진행하기도 했습니다.

배달의민족 서비스를 운영하는 우아한형제들의 배민아카데미와 콜라보 강연을 진행할 때는 3개월간 배민아카데미 강의장에서 강연을 진행했습니다. 창업자와 예비 창업자 모두를 대상으로 교육을 진행하는 배민아카데미에 직장인들이 가볼 일은 거의 없습니다. 하지만 배달의민족이라

는 유명한 기업의 교육장에 한 번쯤 가보고 싶어 하는 사람들이 많았습니다.

배달의민족과의 콜라보 강연에 왔던 한 참석자는 저에게 "월간서른 하는 날은 소풍 가는 기분으로 와요"라고 이야기하기도 했습니다. 배민아카데미는 물론이고 평소 가보기 어려운 다양한 지역의 다양한 공간에 가보는 경험이 마치 소풍처럼 설렌다는 의미였습니다.

사람들에게 매력적인 공간을 찾는 것도 마케터의 일입니다. 그런데 이런 매력적인 공간을 가진 사람들이 "여기서 하시죠"라고 먼저 제안해주는 건 아닙니다. 제가 매력적인 공간을 찾아내는 방법은 직접 방문하는 것입니다. 남들이 좋다고 이야기하는 곳은 꼭 방문해서 월간서른을 하기에 적합한 곳인지 살펴봅니다. 사람들이 앉을 자리는 충분한지, 연사의 자리와 객석의 거리는 얼마나 떨어져 있는지, 대중교통으로 올 수 있는지, 그리고 공간만의 스토리가 있는 곳인지 말이죠. 온라인으로 검색하거나 지인들에게 물어보는 것만으로도 좋은 장소를 추천받을 수는 있습니다. 하지만 나에게 딱 맞는 정보는 스스로 발품, 손품을 팔아 찾아내는 것이 제일 좋다고 생각했습니다.

그래서 저는 오늘도 소풍 가듯이 새로운 공간을 찾아 나섭니다.

온라인에 더 많은 사람이 있다
– 영상, 사진, 채널

월간서른 초창기부터 신경 쓴 것이 있습니다. 온라인 콘텐츠와 채널입니다. 사람들이 콘텐츠나 물건을 소비하는 공간이 오프라인에서 온라인으로 변해가고 있습니다. 월간서른도 오프라인에서 매달 수십 명이 모이고는 있지만 더 많은 사람에게 이야기를 전달해야 했습니다. 그래서 좋은 콘텐츠를 남기기로 했습니다.

운 좋게도 월간서른 첫 모임부터 사진을 전문으로 하는 지인이 참석해 사진을 찍어주었습니다. 몇 회차를 지인이 그렇게 해주었고 지금은 사진 찍어주는 사람을 전문적으로 고용해 기록을 남기고 있습니다.

매번 월간서른을 하기 전에는 연사를 사전에 만나 인터뷰하고 영상을 만듭니다. 인사이트뷰라는 이름으로 20여 명의 연사를 인터뷰해 영상을 만들고, 현장 분위기를 느낄 수 있도록 현장 스케치 영상도 만듭니다. 이 영상들을 유튜브와 네이버TV에 올립니다. 강의에 참석하지 않은 사람들에게도 월간서른에서 어떤 이야기가 오가는지, 어떤 분위기로 행사가 진행되는지 보여주기 위해서입니다.

소셜미디어에서만 콘텐츠를 만들고 운영하다 보면 자칫 그렇고 그런 작은 모임으로 비칠 수 있습니다. 하지만 전 '브랜드'를 만들고 싶었습니다. 그러려면 브랜드로서 최소한의 요건은 갖춰야 했습니다.

우선, 최대한 서둘러 홈페이지를 만들었습니다. 'www.monthly30.com'이라는 이름의 도메인을 구매하고 상표권 등록도 진행했습니다(혹시 몰라서 '월간마흔'도 상표권 등록을 해두었습니다). 참석자 중 한 분이 손수 캘리그라피로 써준 월간서른 글씨도 허락을 맡아 로고로 만들었습니다.

소셜미디어와 다르게 홈페이지는 보는 사람이 신뢰감을 느끼게 합니다. 소셜미디어의 계정은 누구든 돈 한 푼 안

들이고 1분이면 만들 수 있습니다. 하지만 홈페이지는 다릅니다. 비용을 들여야 하고 디자인을 해야 합니다. 몇 분이 아니라 적어도 몇 시간의 제작 시간이 필요합니다. 외부에서 볼 때 홈페이지가 있는 브랜드와 그렇지 않은 브랜드는 신뢰도가 다를 수밖에 없습니다.

월간서른을 처음 만들고 그해 여름, 한 기업 담당자와 콜라보 강연을 준비하기 위해 미팅을 진행했습니다. "몇 명이 운영하시는 건가요?"라고 묻기에 "저 혼자 운영 중입니다"라고 했더니 깜짝 놀라더군요. 홈페이지를 보고 여러 명이 함께 운영하는 곳이겠거니 하고 생각했던 것 같습니다.

오프라인에서 아무리 멋진 행사를 하더라도 온라인을 통해 2차 콘텐츠를 만들어내고, 그 콘텐츠를 신뢰성 있는 채널을 통해 알려야 합니다. 이건 제가 회사에 다닐 때 행사를 기획하고 홍보하면서 느낀 점이기도 합니다.

신입사원 시절, 회사에서 처음으로 트위터와 유튜브 계정을 만들어 직접 운영한 적이 있습니다. 다른 팀에서 고객 대상 콘서트를 준비하며 이문세, 성시경 같은 유명한 가수들을 섭외했습니다. 공연 당일, 수백 명의 관객이 왔고 공연은 대성황을 이뤘습니다. 저 역시 공연 영상을 직접 제 스마트폰으로 찍어 유튜브와 트위터에 업로드했습니다.

하지만 그게 다였습니다. 공연은 기사도 몇 줄 나가지 않았고 현장에 온 고객들 외에는 공연이 있었다는 사실 자체를 아는 사람이 거의 없었습니다. 너무 아쉬웠습니다. 유명한 가수가 출연하고 수백 명이 열광했던 그 현장의 기록이 이렇게 묻히다니 말이죠.

그때부터 오프라인에서 이뤄지는 모든 일은 온라인으로 더 많이 알려야 한다는 생각을 갖게 됐습니다. 그러려면 좋은 콘텐츠와 좋은 채널이 있어야 한다는 생각도 하게 됐죠. 그 생각들을 바탕으로 지금의 월간서른을 운영하고 있습니다. 더 많은 사람이 월간서른의 스토리를 기억할 수 있도록 사진과 영상을 남기고 홈페이지, 유튜브, 페이스북, 인스타그램 등의 채널에 하나하나 기록을 남기고 있습니다.

사람들이 자신의 과거를 회상하고 기억할 수 있는 사진과 영상을 남기는 것처럼 브랜드 역시 기록을 남겨야 한다고 생각합니다.

콘텐츠를 남기고 홈페이지와 다양한 소셜미디어를 운영하는 목적은 또 있습니다. 커뮤니케이션의 효율성이 생긴다는 겁니다. 처음 시작하는 브랜드는 자신의 이야기를 더 많은 사람에게 알려야 합니다. 그런데 아이러니하게도, 누군가에게 브랜드를 알리기 위해 노력할 때보다 브랜드의 매력적인 이야기를 만드는 데 집중할 때 더 많은 사람이 관심을 가집니다. 즉, 남에게 관심을 가지고 이야기할 때보다 나 자신에게 관심을 가질 때 더 많은 관심을 얻어낼 수 있다는 뜻입니다. 홈페이지와 소셜미디어도 마찬가지입니다. 내 이야기를 매력적으로 담은 영상과 사진을 만들어내면 콘텐츠는 알아서 퍼져나갑니다.

월간서른은 사람들을 모으는 데 광고비를 거의 쓰지 않습니다. 운영 초기 2~3회 정도 소셜미디어에서 10만 원가량을 들여 광고한 걸 빼면, 2년이 넘는 시간 동안 광고에는 돈을 전혀 쓰지 않았습니다. 그럼에도 매번 신청이 빠른 속도로 마감됩니다. 배민아카데미와 함께 강연을 기획했을 때는 2~3시간 만에 강연이 마감될 정도로 큰 인기를 끌었습니다.

내 이야기를 얼마나 매력적으로 만들어 기록을 남기느냐가 성패를 가릅니다. 브랜드가 가진 채널에서 더 멋진 이야기를 남기는 데 치중하는 것, 그것이 매력적인 브랜드가 되는 좋은 방법이라 생각합니다.

월간서른의 차별화를
만드는 요소들

월간서른의 퀄리티를 유지하기 위해 저만의 기준도 만들었습니다. 무형의 강연이다 보니 매번 동일한 퀄리티를 유지하기가 쉽지는 않습니다. 하지만 최소한 월간서른만의 톤앤매너는 만들고 유지해야겠다고 생각했습니다.

먼저 월간서른만의 분위기는 무엇일까 생각해봤습니다. 자연스레 TV 프로그램들을 떠올리게 됐습니다. 〈개그콘서트〉나 〈코미디 빅리그〉처럼 웃음이 빵빵 터지는 건 가볍다고 생각했습니다. 30대의 고민을 나누는 자리인데 웃음이 너무 과하면 안 된다 싶었습니다. 그렇다고 〈그것이 알고싶다〉나 뉴스처럼 딱딱하고 진지한 건 원하지 않았습니다.

고민을 나누더라도 유쾌한 방식으로 나누고 싶었습니다.

그래서 생각한 것이 〈유희열의 스케치북〉이었습니다. 이 프로그램에는 호스트인 유희열이 있습니다. 그리고 회차마다 다른 게스트들이 출연합니다. 게스트들은 자신의 음악을 선보이고 거기에 담긴 스토리를 이야기합니다. 그렇다고 지루한 건 아닙니다. 유희열의 실없는 개그나 출연진의 위트로 중간중간 청중의 웃음이 터질 때가 있습니다. 가수들의 노래와 연주 덕분에 때로는 격정적인 분위기가 되기도 하고, 때로는 슬픈 분위기가 묻어나기도 합니다.

월간서른도 〈유희열의 스케치북〉 같은 모임이 되면 좋겠다고 생각했습니다. 호스트인 제가 연사의 이야기를 듣고 함께 이야기를 나누는 곳, 다양한 연사의 이야기가 나오지만 진지하고 종종 웃음이 터져 나올 수 있는 곳 말이죠.

매달 월간서른을 기획하며 저에게 던지는 질문이 하나 있습니다. 바로 이것입니다.

'참가자들이 왜 월간서른에 와야 할까?'

월간서른에 오는 사람들은 평일 회사 근무를 마치고 누군가의 이야기를 듣기 위해 기꺼이 자신의 돈과 시간을 들이기로 한 사람들입니다. 월간서른 장소까지 오고 가는 시간, 강연을 듣는 시간을 포함하면 4~5시간은 족히 걸립니다.

그 시간 동안 사람들은 월간서른에 참여하는 것 대신 다른 행동을 하기로 결정을 내릴 수도 있습니다. 지인을 만나 술 한잔을 할 수도 있고, 인기 있는 영화를 볼 수도 있습니다. 서점에 들러 요즘 나온 새 책을 읽을 수도 있고, 피곤한 몸을 뉘어 휴식을 취할 수도 있겠죠. 하지만 그 모든 옵션을 포기하고 굳이 월간서른에 참여하는 겁니다. 그러니 저는 사람들이 월간서른에 와야만 하는 이유를 만들어줘야 합니다. 마케팅 관점에서 이야기하자면, 어떤 가치를 줘야 하는지를 고객 입장에서 늘 고민해야 하는 거죠.

월간서른의 차별화는 단기간에, 또는 어떤 특정한 순간에 생긴다고 생각하지 않습니다. 지금까지 이야기한 다양한 요소를 경험한 고객들이 많아지고, 고객 경험의 총합이 어떤 선을 뛰어넘을 때, 바로 그때 월간서른의 차별화가 이뤄진다고 생각합니다.

차별화가 됐다고 해서 언제까지나 유지될 순 없습니다. 차별화 포인트는 시간이 지나면 새로운 기준이 되어버리니까요. 10년 후에도 월간서른을 지금처럼 운영한다면 매력이 없어지겠죠. 차별화는 이미 옛날이야기가 됐을 테고요. 그러면 사람들은 월간서른에 오는 대신 영화를 보러 가거나 친구들과 시간을 보내거나 또 다른 매력적인 콘텐츠로 향할 겁니다. 그러니 시간이 지나도 차별화된 브랜드로 남으려면 계속해서 새로운 차별화 포인트를 만들어내야 합니다.

여기에 마케터만의 관점이 필요합니다. 10년 후에도 월간서른이 잘되려면 저도 열심히 경험하고 질문해야 합니다. 40대가 되어서도 30대에게 필요한 가치가 무엇인지 알려면 더 많은 30대를 만나야 하겠죠. 그래서 그들이 필요로 하는 가치는 무엇인지, 30대가 오프라인 공간에서 얻고자 하는 가치는 무엇인지, 그런 가치들을 30대에게 전달하기 위해서는 어떤 방법이 필요한지 끊임없이 질문하고 고민해야 할 겁니다.

저는 꾸준하게 그 길을 걸어갈 생각입니다. 힘들겠지만 결국은 꾸준한 반복만이 저를 더 나은 마케터로 살아가게 할 테니까요. 그런 마케터로 살고 싶습니다.

테트리스를 하듯 경험을 쌓아볼까요

누구나 한 번쯤 해봤을 테트리스라는 게임이 있습니다. 각기 다른 모양의 블록들을 모양에 맞게 쌓아 한 줄이 빼곡히 쌓이면 사라지는 게임입니다.

테트리스를 시작하면 각기 다른 형태의 블록들이 화면 위쪽에서 아래로 내려옵니다. 게임을 하는 사람이 할 수 있는 건 각양각색의 블록들을 이 방향 저 방향으로 돌려가며 한 줄로 차곡차곡 맞춰 쌓아나가는 겁니다. 누군가는 여러 줄을 쌓았다가 긴 세로 모양의 블록이 나올 때 한 번에 블록들이 사라지게 하는 방식을 선호합니다. 누군가는 블록의 모양이 맞는 대로 그때그때 한 줄씩 사라지게 하기도 합니다. 내가 없앤 블록들은 점수로 변환됩니다. 그리고 새롭게 생겨난 빈 화면에 새로운 블록을 다시 채워갈 수 있습니다. 어떤 방식을 택하느냐는 각자의 선호와 취향에 따라 다릅니다. 하지만 모두에게 주어지는 '모양'과 '방식'은 동일합니다. 결국 어떤 모양을 어떤 방식으로 돌려서 배치하느냐가 관건입니다.

우리의 삶도 테트리스와 비슷하지 않을까 싶습니다.

남들이 하지 못하는 경험을 하기란 쉽지 않습니다. 우리가 하는 대부분의 경험 하나하나를 놓고 보자면 남들도 할 수 있는 것들입니다. 마치 테트리스를 하는 사람 모두에게 정해진 모양의 블록들이 동일하게 주어지는 것처럼 말이죠. 하지만 경험의 합을 놓고 보면 이야기가 달라집니다. 개별의 경험은 누구나 할 수 있는 것이겠지만 내가 수 년, 수십 년에 걸쳐 쌓아온 여러 경험의 합은 결국 나만의 고유한 경험으로 남습니다. 어떤 경험을 어떤 질문을 하며 내 안에 쌓아왔는지가 나만의 고유함을 결정합니다.

어떤 마케터는 몇 번의 경험만으로 평생을 삽니다. 충분히 경험할 만큼 경험했다고 생각합니다. 그런데 또 어떤 마케터는 꾸준히 경험하려 노력합니다. 과거의 경험에 집착하지 않고 새로운 경험을 통해 살아 있는 마케팅을 하기 위해 노력합니다. 누군가는 몇 번의 잘못된 배치만으로 화면을 가득 채우고 게임을 끝내지만, 다른 누군가는 차곡차곡 블록을 쌓아 계속해서 여백을 만들어 게임을 이어가는 것처럼 말이죠.

테트리스에서 블록으로 꽉 채워 사라진 한 줄이 점수로 변환되는 것처럼, 좋은 질문으로 잘 짜인 우리의 경험은 새로운 내일을 볼 수 있게 해주는 영양 가득한 자양분이 됩니다. 블록을 잘 끼워 넣어 빈 화면을 만들어내는 것처럼, 우리 역시 좋은 질문을 토대로 다시 새로운 경험을 하기 위해 나설 수 있습니다.

우리의 길을 한 판의 테트리스라고 생각해봐도 좋을 것 같습니다. 내가 하는 다양한 경험을 다양한 질문을 통해 끼워 맞추며 내 삶의 점수를 쌓아가는 겁니다. 그리고 새로운 경험을 토대로 또 다른 경험과 질문을 만나는 거죠. 물론 그렇게 만들어가는 삶은 테트리스보다 훨씬 더 값지고 즐거울 것입니다. 내가 할 경험이 잘못될까 봐 두려워할 필요도 없습니다. 세상에 잘못된, 틀린 경험은 없다고 생각하거든요. 그저 계속 경험해나갈 뿐입니다. 테트리스 한 판을 잘못하더라도 다음 판을 잘하면 되는 것처럼 말이죠.

자기 몫의 테트리스를 해나가는 모든 마케터의 신기록을 응원하겠습니다.